U0476928

丛书主编◎鞠远方　林媛媛

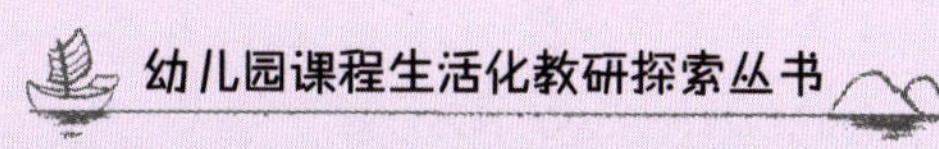

和孩子们一起幸福地过日子：创“有意思”的幼儿园环境

本书主编◎叶明芳　李　翔

海峡出版发行集团 THE STRAITS PUBLISHING & DISTRIBUTING GROUP | 福建教育出版社

图书在版编目（CIP）数据

和孩子们一起幸福地过日子．创“有意思”的幼儿园环境/叶明芳，李翔主编．—福州：福建教育出版社，2025.3．—（幼儿园课程生活化教研探索丛书/鞠远方，林媛媛主编）．—ISBN 978-7-5758-0126-3

Ⅰ．G612

中国国家版本馆 CIP 数据核字第 2024YN2762 号

幼儿园课程生活化教研探索丛书

丛书主编　鞠远方　林媛媛

He Haizimen Yiqi Xingfu De Guo Rizi：Chuang “Youyisi” De You'eryuan Huanjing

和孩子们一起幸福地过日子：创“有意思”的幼儿园环境

本书主编　叶明芳　李　翔

出版发行　福建教育出版社

（福州市梦山路 27 号　邮编：350025　网址：www. fep. com. cn

编辑部电话：0591-83627052

发行部电话：0591-83721876　87115073　010-62024258）

出 版 人　江金辉

印　　刷　福建新华联合印务集团有限公司

（福州市晋安区福兴大道 42 号　邮编：350014）

开　　本　710 毫米×1000 毫米　1/16

印　　张　11

字　　数　146 千字

插　　页　1

版　　次　2025 年 3 月第 1 版　　2025 年 3 月第 1 次印刷

书　　号　ISBN 978-7-5758-0126-3

定　　价　42.00 元

编 委 会

丛书主编：鞠远方　林媛媛

本书主编：叶明芳　李　翔

本书副主编：吴毅婷　丁雅蓉

编　委：傅欣怡　陈婉欣　甘巧慧　丘　婧　吴　凡

赖思涵　黄　芳　谢　萍　魏思源　黄荣荣

郑丽红　翁琍玲　应春燕　陈翰诚　方紫荆

陈颖慧　吴慧媛

序

生活化是幼儿园课程的基本特征，是幼儿园课程改革的基本命题。2018年起，福建省普通教育教学研究室幼教科正式启动幼儿园课程生活化的课改行动，以福建省幼儿教育研究基地园培育项目为抓手，引领数十所省级幼儿教育研究基地开展有主题、有目标、有结构的行动研究，致力于通过课程生活化来深化福建省幼儿园课程内涵，形成具有科学性、创新性、可推广性的闽派幼儿园课程改革成果。

为进一步触发教育实践工作者的反思与超越，2020年底，福建省普通教育教学研究室幼教科通过与众多专家的探讨，最终提出了“和孩子们一起幸福地过日子”这一课改思想，它直接、鲜明地凝练出了幼儿园课程生活化改革的实践期许，也反映全体项目组园所对初心、目的、过程的共识。

“幸福”强调生活与教育的终极意义

幸福是人类生活的永恒情结和人类发展的原动力。因此，幸福应当成为教育的基本使命，是落实课程生活化的起点与归宿。必须确信，教师之于幼儿幸福是可为的，亦是负有使命的：教师需要也应当让幼儿感受到生活过程的幸福，让幼儿感受到生活真理不断敞亮的幸福，让幼儿感受到生命智慧渐次启迪中的幸福。

幸福并非抽象、虚无的，它会落脚在具体的生活中，落脚在切身的体验中：教师要让幼儿获得“存在感”，使其能“在自己创造的世界中感受做主人的喜悦”；教师要让幼儿获得“实现感”，使其获得情感的充分释放、经验的充分调配、智慧的充分实践；教师要让幼儿获得“收获感”，使其收获友谊、收获进步、收获尊重；教师要让幼儿获得“相遇感”，让儿童与儿童相遇，让教师与儿童相遇，使其收获人际间的社交温情、心灵间的相互陪伴。

这些幸福的体验绝不仅生长在童年生活的当下，还会成为一种终身幸福的潜在资本，以其特有的线索、逻辑在儿童生命长河之中融会贯通，滋养灵敏的思维、积极的情操、高尚的品格等，使其拥有真正完整而幸福的人生。

“幸福地”强调教育过程中的情感向度

幼儿在园生活中表露的外显情感需要被教师所“在意”，那些潜藏的内隐情感需要教师在师幼共处的点滴中持续维护与滋养。若隐蔽了情感，幼儿的生活将被机械的知识和冰冷的问题裹挟，缺失心灵之间的相互慰藉和抵达，原生的善意和美好将难以获得滋养。

追寻情感向度，需要教师从对“课程怎么做”的焦虑与目的中有意地抽离，走进幼儿的情感世界，给予儿童高质量的爱，即一种基于情感与关系的灵魂深处的陪伴与支持。

“和孩子们一起”强调教师要积极去和幼儿交往

教师是幼儿成长的重要他人，教师的言行举止不仅是教育影响的重要内容，亦是幼儿在其实际生活中十分在意的内容。一个优秀的教师，必然是幼儿渴望交往的对象；一个优秀的教师，必然热衷且善于与幼儿交往。

为此，与儿童日常相处的教师，应当真正地成为儿童的成长伙伴，他们愿意与儿童交往、善于与儿童交往、享受与儿童交往，并能通过积极的交往让儿童获得愉悦的体验、智慧的启迪、人格的滋养。

研究团队持续研究和学习如何与幼儿交往、如何积极地与幼儿交往，让师幼双方在彼此信任、敞开自我的心境之下，共同营造独特而幸福的生活样态。十分庆幸，在多年的努力下，教师慢慢地在“退”与“进”中重拾信心和底气，人际间的“人情味”越来越足，师幼关系愈加和谐融洽，师幼双方共同朝着幸福与美好同行。

“过日子”强调生活的价值以及“生活化”的实践要义

“过日子”是人们对生活展开过程的最朴素的描绘。课程的生活化就是强调让教育的过程还原到生活的本真，让课程自然地落脚在儿童的生活和行动里：它不需要教师为呈现与众不同的“优质课程”而绞尽脑汁地设计课程，而是需要教师在与儿童的共同生活中不断思考“儿童需要我们做些什么”，从而从容、自然地生发课程，以此助力儿童更加投入地解决问题、建构经验，让儿童因为课程的实施而更加亲近、受益于自己的生活。

可见，实施高质量生活化课程的关键在于教师要支持儿童以儿童的节奏、儿童的方式去过儿童想过且有价值的生活。我们也正为此而不断地修炼看待生活、看待课程的态度和眼光：在课程实施的过程中能够更敏锐地观察生活，利用生活；在课程实施的过程中能以更高位的视角看待生活，敬畏生活；在课程实施的过程中以更虔诚的态度，让课程服务生活；在课程实践中，继续努力实现儿童经验本位与儿童发展本位，让幼儿的潜能得到更充分的发挥。

“和孩子们一起幸福地过日子”是对“教育者姿态”的反思与追寻

“和孩子们一起幸福地过日子”是对教师工作实践状态的期许。在教育与教研实践中，我们常常困扰于教师的观念、教师的行事，却很少真正站在课程主体的立场上思考，究竟幼儿喜欢的教师是什么样的，究竟幼儿希望我们怎样与他们相处。

作为陪伴幼儿成长的关键他人，“教育者姿态”是幼儿所关切的。教师应当是一个能够让幼儿感受到信任、自在、快乐的人。首先，必须要“有趣”，要读得懂幼儿的快乐才能与幼儿一起创造和享受快乐；其次，必须要“有爱”，在幼儿受到误解、否定、轻视的时候，能够理解，能够欣赏，能够给予光亮，让幼儿感到和教师在一起的松快；再次，要“有胸怀”，知进退、大格局、不冲动妄为，不斤斤计较，让幼儿放松地表露真情实感；最后，要“有智慧”，敏于洞悉、善于点拨、慧心巧思，能够在幼儿漫漫的在园时光中，使智慧得到徐徐点亮。

我们希望教师能够在教育生活中时刻保持对“我是什么样的人”“我以何姿态与幼儿相处”的敏感，去端正和优化自身的姿态，扪心自问、客观评价：我们是否被幼儿认知为这样的人，这样基于儿童视角的美好的人。

总而言之，“和孩子们一起幸福地过日子”是希望教师以美好的心灵、美好的姿态去与幼儿交往，在鲜活的共同生活中珍视一切有价值的真实发生，自觉关心儿童生活世界的“色调”和“纹理”，用真挚的情感与情谊“以情化育”，以积极的价值观和支持力润泽儿童的生长过程，成就幼儿幸福的童年体验以及终身幸福的潜力，而教师也能从中收获幸福的反哺，与儿童幸福共生。

尽管目前的研究和成果离这一期许还有一定距离，但这些年，福建省幼儿教育研究基地园展现出了热切的教育情怀、积极的教研状态，成为了福建幼教团体中一股备受瞩目且激奋人心的力量。他们基于本园课程基础，选取不同研究点进行了扎实的研究，努力实现对“和孩子们一起幸福地过日子”这一主张的实践诠释：他们各自围绕研究内容提出了一个简明的实践主张，生成了多个温暖、幸福的课程故事，还梳理了丰富多元的实践策略以说明、启示如何让主张实现于课程实践。这些成果为幼儿园落实课程生活化提供了鲜活的样本和工具。截至2023年，我们的研究已孵化出如下成果：福建幼儿师范高等专科学校附属第一幼儿园《“有温度”的幼儿园食育》、福建省莆田市荔城区第二实验幼儿园《温暖的师幼闲聊》、福建省厦门市莲云幼儿园《创“有意思”的幼儿园环境》、福建省福安市第二实验幼儿园《看见幼儿生活中的课程资源》、福建省晋江市池店镇桥南中心幼儿园《守护幼儿的愿望》。此外，另有二十余所幼儿园正在努力进行实践探索、孵化成果，有待后续推进。

在此丛书出版之际，首先，感谢福建省普通教育教学研究室郑云清主任对幼教工作的鼎力支持与关怀，让本项课题研究有底气、有平台、有动力；其次，感谢南京师范大学虞永平教授、许卓娅教授，福建师范大学林菁教授、吴荔红教授、孟迎芳教授、张玉敏博士对本项研究直接或间接的指导，以及各地市幼教教研员在属地基地园研究过程中给予的专业推进，这些专业引领是支持研究团队不断前行的力量；再次，感谢三年多来一起同行的基地园单位，从八闽各地因美好的情怀走到一起，在“真研究”的历程中付出了极大的心血，终以赤诚的信念孵化出了丰硕的成果，幼儿园的信任和努力激励我们继续开拓进取；最后，感谢福建教育出版社以丛书的形式支持基地园成果的出版，这对整个研究团队、对基地园所而言都是莫大的鼓励，也使福建省普教室幼教科有关课程改革的行动实现了更大范围的辐射推广。感激之情浓浓，难言尽。

本套丛书的出版，是一种激励，更是一种鞭策。我们会继续不懈努力，在课程改革的进程中持续深思与优化教育观、儿童观、课程观，以生活为载体、以幸福为基调，积极追寻、努力实现“和孩子们一起幸福地过日子”！

前言

幼儿园课程是什么？南京师范大学教育科学学院教授、博士生导师虞永平教授曾提出：幼儿园课程是幼儿与环境相互作用的过程。幼儿的学习，就是与环境的现实相遇——创造环境、感受环境、利用环境；对于幼儿园而言，不研究环境，就没有真正研究幼儿园课程，也没有真正研究幼儿的学习。将幼儿园环境与课程联系在一起，切实地思考与实践，是提升幼儿园教育质量的关键所在。一种真正以幼儿为学习主体的课程，必然会深入关注幼儿园环境的创设和利用，关注真正适合幼儿需要的环境。

幼儿是在行动中学习的，没有行动就没有真正的发展，没有环境就难以有真正的行动。没有适宜幼儿成长的环境，就难以有适宜的学习，没有不断变化和发展的环境，就难以有幼儿的持续发展。对幼儿园的幼儿来说，环境决定了发展。

因此幼儿园环境的创设一定要有发展的眼光、专业的精神、持续的理念。幼儿园环境创设是一个持续的过程，真正的课程环境永远没有“完成”的状态，它将永远处于不断创新、不断满足幼儿需要的进程中。

在福建省普通教育教学研究室幼儿教育研究基地园项目的驱动和指导下，基于“和孩子们一起幸福地过日子”的教育主张，我们重新梳理了幼儿立场的幼儿园环境创设，提出创“有意思”的幼儿园环境的教育主张，并将实践经验归纳整理，最终编写成册——《创“有意思”的幼儿园环境》。

本书分为理念与策略、课程故事两部分。理念与策略向读者阐述了创“有意思”的环境这一主张的内涵诠释、实践意义、实践策略。“内涵诠释”围绕什么是“有意思”的幼儿园环境、幼儿“有意思”的环境是什么样的、怎么创“有意思”的幼儿园环境三个递进的问题，给予教师方法论，通过环境创设“聊—探—创—享”的四部曲更好地支持幼儿创“有意思”的环境。“实践意义”在理论诠释的基础上，从幼儿的成长、教师的发展、课程的转变、环境的转变四个方面阐述了创“有意思”的幼儿园环境主张在实践中带来的变化与发展。“实践策略”部分向读者呈现了15个幼儿眼中的每一个“有意思”的环境，每一个策略都清晰地展示了该策略的智慧缘起与策略说明，为一线教育者基于幼儿立场创设幼儿园环境提供了具体、全面、可操作性的参考。最后的课程故事篇，则为读者展示了6个鲜活的课程故事，在真实、生动的故事情境中，让读者引发共鸣，更加深刻地感受基于幼儿视角的“有意思”的环境创设。本书对城乡各类幼儿园创设幼儿立场的幼儿园环境实践均有推广价值和借鉴意义，并为其提供理论基础和实践参考。

本册参编人员：叶明芳、李翔、吴毅婷。策略及课程故事部分由课程实施者吴毅婷、丁雅蓉、傅欣怡、陈婉欣、甘巧慧、丘婧、吴凡、赖思涵、黄芳、谢萍、魏思源、黄荣荣、郑丽红、翁琍玲、应春燕、陈翰诚、方紫荆、陈颖慧、吴慧媛提供并编写。叶明芳、李翔审校了终稿。

本书在编写过程中参阅了相关文献，在此向原作者致以诚挚的谢意。由于时间和精力有限，书中可能存在一些纰漏，敬请广大读者批评指正。

编写组

2024年8月

目录

理念与策略

课程故事

理念与策略

第一章　实践主张：创“有意思”的幼儿园环境

一、“有意思”的幼儿园环境创设内涵诠释

（一）什么是“有意思的”幼儿园环境？

环境在《辞海》中的解释是指围绕着人类的外部世界，是人类赖以生存和发展的社会和物质条件的综合体。本文所指的环境是指在幼儿园中对幼儿身心发展产生影响的一切人、事、物的综合。“有意思的”幼儿园环境是指对幼儿而言，幼儿园中一切能引发其兴趣，让其喜欢并能主动探究产生教育影响的环境。

（二）幼儿“有意思”的环境是什么样的？

在幼儿的眼中，“有意思”的环境是什么样的？即基于幼儿视角的“有意思”的环境是什么样的？到底什么是幼儿视角？将幼儿视角概念引入教育领域的是英国牛津大学资深学前教育专家凯茜·席尔瓦教授，她将“幼儿视角”划分为两种，即 Child Perspectives 和 Children’s Perspectives，前者的主体是作为成人的教育者能够在教育实践中主动自觉地关注幼儿、理解幼儿，能站在幼儿的立场上，设身处地地感幼儿之所感；而后者的主体则是有独立人格的幼儿，幼儿有自己的感受、体验以及观察周围世界的角度和立场。

立足后者的主体，如何获得幼儿对“有意思”的环境的想法？基于马赛

克研究方法，综合运用观察、儿童拍照、儿童访谈、幼儿园之旅等工具，最终提炼出 11 个幼儿认为"有意思"的环境的基本特征。

1. 好玩有趣。例如当幼儿说喜欢幼儿园的小山坡时，其理由是"小山坡有山洞和独木桥可以走很好玩，小山坡那里还有几面哈哈镜，会变大变小太有趣了"。

2. 丰富多样。例如幼儿认为自己的教室里面就很有意思，因为里面有很多玩具。

3. 好看漂亮。例如幼儿觉得幼儿园"长"得很有意思，因为有五颜六色的颜色。

4. 灵活多变。例如幼儿觉得幼儿园的光影工作室很有意思，一会儿可以变成小鱼、一会儿又可以变成打地鼠游戏。

5. 自然生态。例如幼儿会认为最喜欢和老师、小朋友在大操场上躺着晒太阳，暖暖的、很舒服。

6. 情感共鸣。例如幼儿会觉得有照片的地方很有意思，喜欢看着姐姐的照片想她。

7. 神秘独立。例如幼儿会觉得喜欢班级的宝贝袋，每次都会把小秘密藏在里面，可有意思了！

8. 自由探索。例如幼儿会觉得在操场上很自由，因为可以在草地上打滚，可以到处跑来跑去，可有意思了。

9. 新奇特别。例如幼儿会觉得最有趣的就是书吧，在洞洞里看书很有意思。

10. 自主表达。例如幼儿会认为自然角的记录板很有意思，因为可以把自己做实验的记录写上去。

11. 同伴互动。例如幼儿会觉得幼儿园所有地方都很好玩，最好玩的是花园农场，因为那里有很多小鸡，虽然有点臭，但是小朋友很多很热闹。

从梳理出的 11 个幼儿认为的“有意思”环境的基本特征中，我们最终凝练出趣味性、丰富性、审美性、情感性、互动性、自主性等关键特征。

趣味性：环境设计生动有趣，符合幼儿的喜好和兴趣，能够吸引幼儿主动参与和探索。

丰富性：环境材料丰富多样，满足幼儿各种探索需求，获得认知经验、情感体验、社会交往等多方面发展。

审美性：环境设计要符合美学原则，具有视觉上的美感，能够给人以愉悦的感受。可以激发幼儿对美的追求和欣赏，培养他们的审美能力和艺术素养。

情感性：环境能够营造温馨、关爱、亲密的氛围，使幼儿感受到安全、温暖和支持。

互动性：环境能够提供机会让幼儿与他人、材料和环境进行互动，鼓励他们主动参与、探索和实践。

自主性：环境能够支持幼儿自主选择、自我决定和独立探索，鼓励他们发挥主动性和创造性。

明确了这些特征，让我们更能立足于幼儿的视角去思考怎么创“有意思”的幼儿园环境，更加关注幼儿“有意思”的表达，积极给予行动上的支持，最终回归幼儿“有意思”的生活，充分体现环境的趣味性、丰富性、审美性、情感性、互动性与自主性。

（三）怎样创“有意思”的幼儿园环境？

1. 倾听幼儿“有意思”的表达

教育始于倾听。倾听是师幼互动的基础，是心灵沟通的纽带，是建立亲密关系的重要方式。幼儿园环境不仅是幼儿学习的空间，也是幼儿生活的空间，创设“有意思”的幼儿园环境，就是要充分倾听幼儿对环境的理解，尊重每一位幼儿独特的表达方式，探究每一位幼儿的内心世界，尽可能地触摸到每一位幼儿的思想，尽可能地把握每一位幼儿的兴趣与需要，让每一位幼儿的想法都被看见、被读懂、被珍视、被支持。

环境只有充分悦纳、支持幼儿，让幼儿觉得“有意思”，幼儿才会被吸引，才会主动地与环境互动，才会像一粒充满生命力的种子一样茁壮成长。因此教师应时刻倾听幼儿在环境中“有意思”的表达，包括对环境的命名、环境的规划、环境的呈现等。

（1）环境的命名

幼儿园环境应具有幼儿特点，充满幼儿气息。如教师充分倾听幼儿，将幼儿园的环境交由幼儿来命名，便彰显出童趣，凸显了幼儿立场：因为小树林像迷宫一样，所以叫“迷宫树林”；因为地上的小石头颜色像彩虹，所以叫“彩虹小路”；因为户外乐器敲击发出悦耳的声音就像在小厨房里演奏美妙的音乐，所以叫“音乐厨房”；因为竹叶像蝴蝶，所以叫“蝴蝶竹林”；因为水池边上有“芭蕉树”，所以叫“芭蕉水池”；因为沙池边上有一圈的石头，所以叫“石头沙池”；因为山坡上有蹦蹦床，所以叫“跳跳山坡”；因为树洞里可以种花玩游戏，所以叫“树洞花园”；因为菜地的花菜长得很漂亮，所以叫“花花菜地”……幼儿园的角角落落因为这些名字变得更加生动、有趣味、有意思。

迷宫树林

彩虹小路

音乐厨房

蝴蝶竹林

芭蕉水池

石头沙池

跳跳山坡

树洞花园

花花菜地

（2）环境的规划

基于幼儿视角的环境一定是以幼儿为中心，支持幼儿各方面的发展，能满足幼儿“我的地盘我做主”的诉求的，因此要积极邀请幼儿参与环境的设计与规划。例如班级的活动室想把它摆成什么样子？想有哪些区域？想怎么摆？想怎么把它变得更“有意思”？教师都要尽可能倾听幼儿的想法，满足幼儿的愿望。也许不可能一次性成功，也可能设置完规划图，幼儿在使用的过程中发现不合理，会绊到脚，幼儿均可以再进一步调整，直至摆放到自己感觉最佳的状态，真正成为环境的主人。

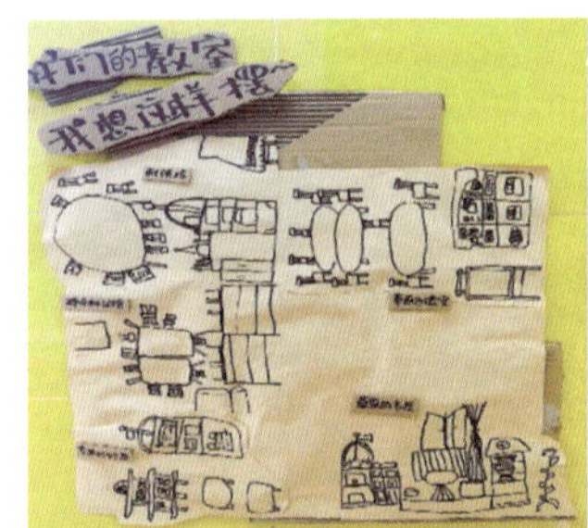

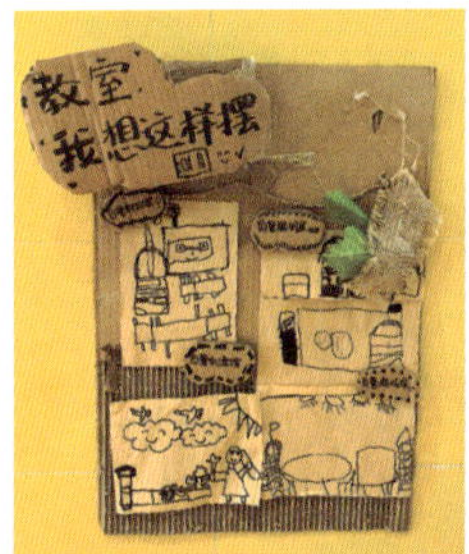

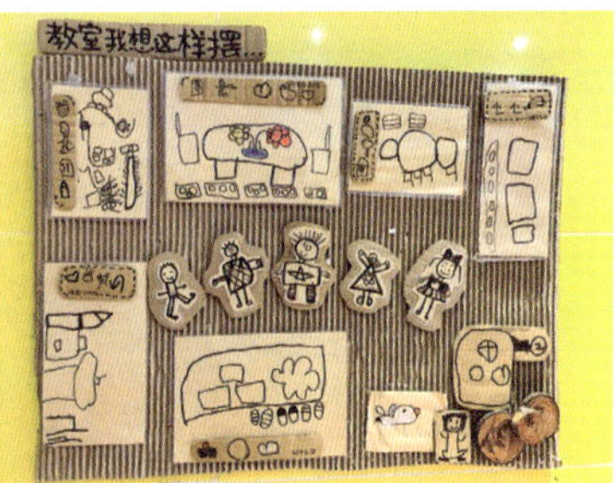

我的班级我做主

（3）环境的呈现

瑞吉欧体系的创始人马拉古奇曾说，儿童有一百种语言等着我们去探索去开发。“儿童的一百种语言”强调运用多种表达和学习方式来摸索其主动学习规律，可以是符号表征、心情涂鸦、探索记录、建构作品等等，以支持幼儿的各种探索活动，呈现学习轨迹，让环境成为幼儿经验、想法、表达和表现的空间。例如项目课程故事“贝壳集市”。幼儿收集了许多贝壳手工艺品，教师倾听幼儿想法后，支持幼儿将贝壳手工艺品拿到集市去义卖。故事就是从什么是集市开始的：要在哪里摆地摊？要怎么分工？要做哪些准备？要怎么吸引顾客？东西卖不出去怎么办？义卖的钱用来做什么？等等。幼儿用各种方式记录下他们生动的课程故事，自己制作海报呈现在班级中，有屏风式、主题书、连环画、小画册、书签、明信片、挂历等，呈现出“有意思”的环境。其背后的观念是我们对幼儿精神生命的关照、对幼儿创造性思维的呵护以及对幼儿想法和表达最大的尊重。

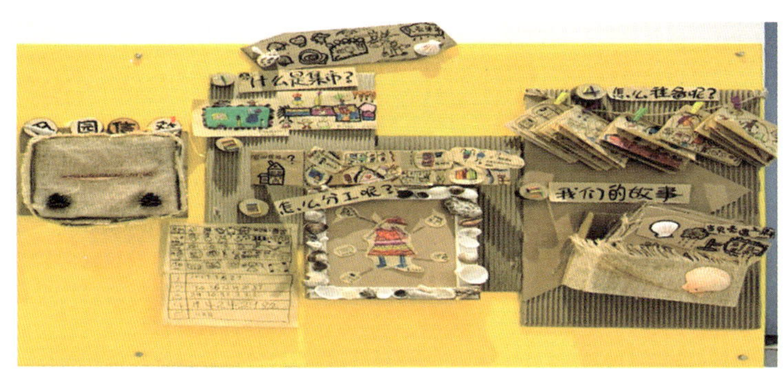

贝壳集市

2. 支持幼儿“有意思”的行动

基于幼儿视角的“有意思”的环境创设，并不意味着教师的放任无为，恰恰相反，它需要教师付出更多的智慧，要有充分的思考，做好充足的准备，让幼儿有更多的时间和空间来创设“有意思”的环境。然而，在课程实施中，存在“满”“忙”的现象，表现为课程安排很“满”，从周一到周五，每天上午、下午课程安排是满满的；教师很“忙”，对于幼儿日常生活中提出的“真问题”，教师没有时间停下来去支持幼儿的探究、记录和表达，让他们能够看得见自己的学习过程。

因此，我们开发了一系列的实践工具，以此解决“满”“忙”的问题。在“有弹性”的空间中，帮助教师更好地提供给幼儿充分的思考和观察时间，更好地去洞察幼儿的兴趣与需要，更好地接近幼儿倾听幼儿的心声，更好地支持幼儿创“有意思”的环境。

（1）创意台历

创意台历为创“有意思”的环境提供支持。它包括“课程结构色卡”“儿童一般发展图册”“口袋观察卡”“家园合作贴”“灵活留白页”“创生性课程记录便签”“新生性课程审议量表”等7个模块。

创意台历

（2）课程结构色卡

它是升级改版后的周计划，呼应着课程生成的层次性及统合性。主要是从两个方面进行调整。第一个方面是呈现的软件工具上，“课程结构色卡”由原先的在 WORD 上进行编辑更迭为在 EXCEL 上操作，这便于教师在反思与回顾上一周周计划的基础上，制定新一周的周计划。第二个方面是在呈现样式上，“课程结构色卡”打破以往单张表格的呈现方式，更迭为一页两版的形式。左侧版块呈现本周的工作重点，右侧版块呈现具有灵活弹性的教学日程安排，简明扼要、突出重点，助力教师与幼儿共同成为一名有准备的环境设计者。

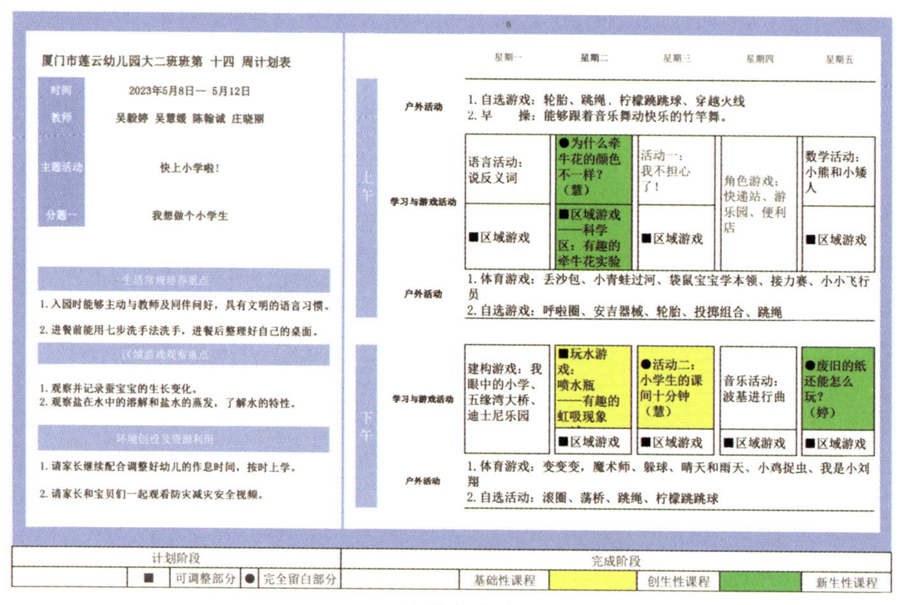

厦门市莲云幼儿园大二班班第 十四 周计划表

时间	2023年5月8日— 5月12日
教师	吴毅婷 吴慧媛 陈翰诚 庄晓丽
主题活动	快上小学啦!
分题一	我想做个小学生

生活常规培养重点

1. 入园时能够主动与教师及同伴问好，具有文明的语言习惯。
2. 进餐前能用七步洗手法洗手，进餐后整理好自己的桌面。

区域游戏观察重点

1. 观察并记录蚕宝宝的生长变化。
2. 观察盐在水中的溶解和盐水的蒸发，了解水的特性。

环境创设及资源利用

1. 请家长继续配合调整好幼儿的作息时间，按时上学。
2. 请家长和宝贝们一起观看防灾减灾安全视频。

		星期一	星期二	星期三	星期四	星期五
上午	户外活动	1. 自选游戏：轮胎、跳绳、柠檬跳跳球、穿越火线 2. 早　　操：能够跟着音乐舞动快乐的竹竿舞。				
	学习与游戏活动	语言活动：说反义词	●为什么牵牛花的颜色不一样?（慧）	活动一：我不担心了!	角色游戏：快递站、游乐园、便利店	数学活动：小熊和小矮人
		■区域游戏	■区域游戏——科学区：有趣的牵牛花实验	■区域游戏		■区域游戏
	户外活动	1. 体育游戏：丢沙包、小青蛙过河、袋鼠宝宝学本领、接力赛、小小飞行员 2. 自选游戏：呼啦圈、安吉器械、轮胎、投掷组合、跳绳				
下午	学习与游戏活动	建构游戏：我眼中的小学、五缘湾大桥、迪士尼乐园	■玩水游戏：喷水瓶——有趣的虹吸现象	●活动二：小学生的课间十分钟（慧）	音乐活动：波基进行曲	●废旧的纸还能怎么玩?（婷）
			■区域游戏	■区域游戏	■区域游戏	■区域游戏
	户外活动	1. 体育游戏：变变变，魔术师、躲球、晴天和雨天、小鸡捉虫、我是小刘翔 2. 自选活动：滚圈、荡桥、跳绳、柠檬跳跳球				

计划阶段					完成阶段					
	■	可调整部分	●	完全留白部分		基础性课程	（黄色）	创生性课程	（绿色）	新生性课程

课程结构色卡

（3）儿童一般发展图册

它是一本图文并茂的教师参考书，运用字体、颜色、图片、小图标等元素以台历的方式对《3—6 岁儿童学习与发展指南》进行创意排版，便于教师在日常工作中查阅和记忆，帮助教师更好地了解幼儿，适时地为支持幼儿创“有意思”的环境提供保障。

让生命在自然与诗意中绽放
厦门市莲云幼儿园
XIAMEN LIANYUN KINDERGARTEN
LETLIFEBLOOMINNATUREANDPOETRY
儿童一般发展图册
ER TONG YI BAN FA ZHAN TU CE

3-6岁儿童
学习与发展指南
健康是指人在身体、心理和社会适应方面的良好状态。幼儿阶段是儿童身体发育和机能发展极为迅速的时期，也是形成安全感和乐观态度的重要阶段。
发育良好的身体、愉快的情绪、强健的体质、协调的动作、良好的生活习惯和基本生活能力是幼儿身心健康的重要标志，也是其它领域学习与发展的基础。
让生命在自然与诗意中绽放
Let Life Bloom In Nature And Poetry
强健的体质
基本生活能力
愉快的情绪
协调的动作
发育良好的身体
良好的生活习惯
LIANYUN
新生性课程审议量表
内容：
审议三要素
审议类目
审议要素
审议情况
课程开展的价值性
是幼儿真实生活中需要解决的问题
符合儿童发展目标
对幼儿当前的经验有一定的突破
课程开展的必要性
是大部分幼儿遇到的感兴趣的问题
有解决的迫切需要
对已有课程中计划的某些内容有替代的价值
课程开展的可行性
有可利用的园本、社区和本土资源
教师能够完成课程的生成与准备工作
在近期的课程计划中有实施的时空条件
使用说明：
灵活留白页
课程结构色卡
家园合作贴
创生性课程记录便签
教师：
班级：
时间：
原有的计划
创生点

儿童一般发展图册

（4）口袋观察卡

口袋观察卡为教师提供各领域的观察要点，帮助教师有目的地观察幼儿的典型性行为表现，进一步了解幼儿对环境的真实想法。

口袋观察卡

（5）家园合作贴

它能够提醒教师记录当下的教育现场，记录幼儿特殊的行为表现、对环境的特别体验，给予家长有针对性的教育建议，促进家园之间的沟通与合作。

家园合作贴

（6）灵活留白页

它给予教师更多灵活调整的空间来个性定制学习资源，如各类环境创设资源，提升教师对环境创设的理念展开实践与思考等，并将学习文本扫描转成二维码张贴在留白页，最大限度地丰实“儿童一般发展图册”的内容，增强教师的专业素养以及为创设“有意思”的环境提供支持。

灵活留白页

（7）创生性课程记录便签

它能够帮助教师及时捕捉并记录幼儿的兴趣需要，让那些稍纵即逝的童稚想法有机会被发现，及时生成“有意思”的环境。其中，原有的计划是生成活动前的预设活动，教师不需要将每一周的周计划张贴在这里，只需在每个学期初将班级的课程结构色卡转换为在线编辑形式，并将在线文档生成二维码即可。教师通过扫码就可以看到班级周计划，可以了解课程结构的灵活度，赋能生成课程的开展与实施。后面两个部分就是在观察的基础上及时记录幼儿的兴趣需要，帮助教师寻找课程创生点，创设“有意思”的生成环境。

创生性课程记录便签

（8）新生性课程审议量表

它是生成课程的评估工具。它通过审议，对课程开展的价值性、必要性以及可行性三个维度进行星级评定，为教师支持幼儿、生成课程提供了工具性的支持，更好地赋能幼儿创设“有意思”的环境。

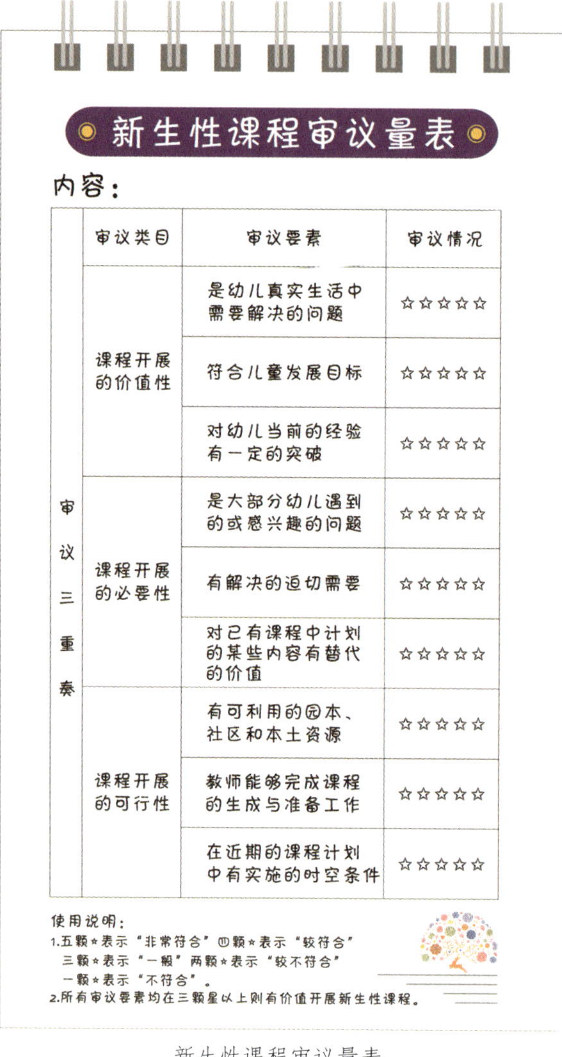

新生性课程审议量表

内容：

	审议类目	审议要素	审议情况
审议三重奏	课程开展的价值性	是幼儿真实生活中需要解决的问题	☆☆☆☆☆
		符合儿童发展目标	☆☆☆☆☆
		对幼儿当前的经验有一定的突破	☆☆☆☆☆
	课程开展的必要性	是大部分幼儿遇到的或感兴趣的问题	☆☆☆☆☆
		有解决的迫切需要	☆☆☆☆☆
		对已有课程中计划的某些内容有替代的价值	☆☆☆☆☆
	课程开展的可行性	有可利用的园本、社区和本土资源	☆☆☆☆☆
		教师能够完成课程的生成与准备工作	☆☆☆☆☆
		在近期的课程计划中有实施的时空条件	☆☆☆☆☆

使用说明：

1.五颗☆表示“非常符合”四颗☆表示“较符合”
三颗☆表示“一般”两颗☆表示“较不符合”
一颗☆表示“不符合”。

2.所有审议要素均在三颗星以上则有价值开展新生性课程。

新生性课程审议量表

3. 回归幼儿“有意思”的生活

幼儿园的环境是幼儿的生活空间，生活不是静止的，生活是动态的，是有烟火气的，是充满幸福滋味的。正因为教师支持幼儿“有意思”的行动，才能腾出更多的时间与精力去观察、陪伴和支持幼儿的主动学习，才能让幼儿有更多的时间和空间进行“有意思”的表达，让幼儿创造属于自己的“有意思”的环境，回归“有意思”的生活，从而获得主动的、内发的生长，在这动态的生活空间里获得幸福感，体验到幸福。

在创“有意思”的幼儿园环境过程中，师幼会共同经历“聊—探—创—享”四部曲：通过幸福漫聊聆听幼儿的真实想法，了解其兴趣与需要，进而探寻材料、规划设计，支持幼儿创设“有意思”的幼儿园环境，最后鼓励幼儿与同伴互动交流共享环境带来的幸福体验。

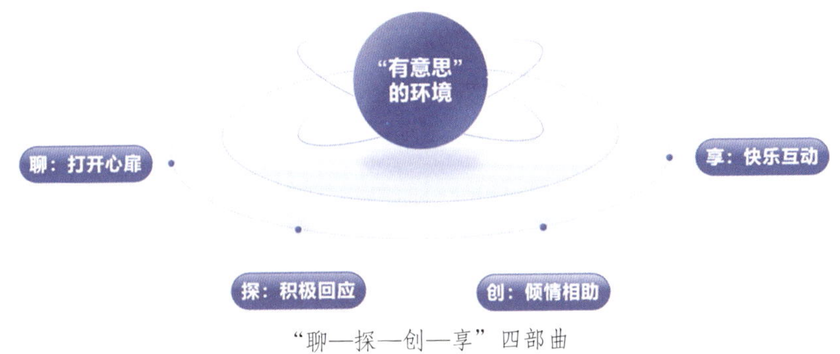

“聊—探—创—享”四部曲

（1）聊：打开心扉

师幼之间良好的双向沟通，平等中饱含爱意，最能拨响幼儿的心弦。幼儿是主动的学习者，他们富有好奇心、求知欲，主动地通过与外界互动来建构自己的知识和经验。因此，在环境创设的初期，首先要倾听幼儿的心声，通过与幼儿展开“幸福漫聊”打开幼儿的心扉，了解其所思、所想。例如在创设“亲亲自然角”“洞洞书吧”“秘密基地”等环境中，教师通过与幼儿“幸福漫聊”，围绕“你想怎么创设”“你想玩哪些游戏”等关键话题进行讨论，了解真实想法，才会有后续“音乐鱼池”“太阳能喷泉”“洞洞展台”“洞洞舞台”“迷宫丛林”等“有意思”的环境。

（2）探：积极回应

幼儿有了想法之后，即进入了行动阶段。此时教师会积极回应并鼓励幼儿通过自己的方式寻找环境创设中所需要的材料。例如“秘密基地”中，引导幼儿共同为创设安全、私密、有趣的环境而收集他们认为有用的材料，如树叶、花朵、小石子、木棍等；“云鹿诗集”共同为创作小诗寻找生活中的自然物、生活点滴的照片记录等；“秘密抽屉”收集自己的小秘密物品，如 1 张卡片、1 件最喜爱的玩具、1 片捡来的树叶等；“月亮小屋”里寻找收集能够陪伴自己的玩偶或盖的小毯子等依恋物；“亲亲自然角”里探寻各种新奇有趣的动植物，如有近视眼的六角恐龙鱼、只需要空气就能养活的空气凤梨、轻轻触碰就会发出香味的碰碰香、自然界的食肉植物捕蝇草等。这些都为创设“有意思”的环境做了充分的准备。

（3）创：倾情相助

基于材料探索后，幼儿进入创设环境的阶段。此时教师会进行三“话”式的倾情相助，通过深度对话，赋能幼儿在环境创设中的深度学习。

一“话”思路。师幼会再一次对话，聚焦环境创设的思路，绘制规划设计图。如“亲亲自然角”中，教师和幼儿“对话”：你想把小田园的自然角规划成什么样子的？有的说希望太阳公公来帮助晒玉米、晒水果、晒柿子给小鸟吃；有的说我想养一些小鸽子、小乌龟等；有的说想看很多漂亮的花……于是教师鼓励幼儿将想法记录下来，并根据“我想养”“我想种”“我想看”“我想晒”四个板块设计了自然角的规划设计图。再如“幸福地图”，通过“对话”发现幼儿希望能够自主选择散步地点、形式，于是帮助他们设计规划散步线路图，明确自己的思路。

二“话”材料。聚焦“怎么让这些材料，用自己喜欢的方式呈现出来”，支持幼儿用各种动态的、多元的表征方式呈现环境创设的探索过程。如“魔法故事书”，幼儿用收集的种子、树叶、花朵等作为实物呈现，将各种调查表、记录单、思维导图等作为图画记录呈现，将各种录音、照片等作为多媒体信息呈现；再如“心愿画卷”，幼儿的心愿通过“长画卷”的方式呈现；“问题小树”，幼儿的问题通过“问题指引表”“问题之书”“叶子便签”等方式呈现。这些均让幼儿在主动探索、在与环境互动的过程中获得发展。

三“话”玩法。重点围绕“你想怎么让它变得更加有意思”，让环境真正成为自己喜欢的、和自己生活紧密相连的幸福空间，它呼应着幼儿视角下“有意思”的环境。例如在幼儿的眼中希望“洞洞书吧”是很新奇特别的地方，自己在绘本中发现的秘密可以记录下来，可以用小树杈把它悬挂在“洞洞小树”上，吸引其他伙伴寻找。再如幼儿希望“自然盒子”不仅好玩有趣，还是能和好朋友一起玩各种游戏的盒子，因此它既是自然相框，又是会说话的电视机，还可以运用树枝吹泡泡、用它寻找小精灵、寻找大自然中的颜色等。这些环境融入了幼儿“有意思”的想法，更加生动有趣、丰富多样、好看漂亮、灵活多变……

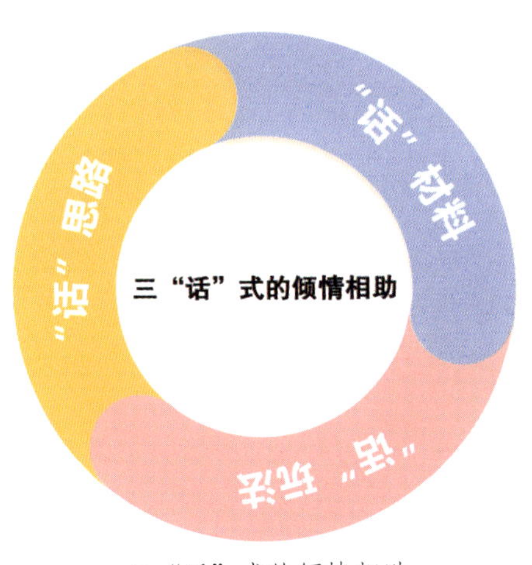

三“话”式的倾情相助

（4）享：快乐互动

每一次环境创设好之后，师幼会进入快乐共享阶段。带着一定的仪式感，带着满满的期待，幼儿会选择不同的方式分享。有班级内的小组式分享，也有跨越班级、年段的界限，化作小小宣讲员和全园幼儿、教师分享。比如“值日生海报”，幼儿会和伙伴们分享“值日小当家”“今天我值日”“值日小明星”等板块的使用方式以及有意思的地方，激发做值日生工作的热情。再如“洞洞书吧”，幼儿会邀请其他班级的幼儿和教师聆听“洞洞书吧”每一个角落的功能以及管理方法等，让全园的幼儿共同遵守规则，爱上书吧，延伸出对集体的归属感，在这共享的生活空间获得幸福感。

二、“有意思”的幼儿园环境创设实践原则

马斯洛的需求层次理论提出，人有生理的需求、安全的需求、爱与归属的需求、尊重的需求以及自我实现的需求。每个层次的需求的满足程度，将决定个体的发展状况。因此，创设“有意思”的环境应深度解析幼儿的成长需求，结合马斯洛的需求层次理论，不断提升幼儿园环境的健康性、安全性、互动性、接纳性和自主性。

（一）健康性原则

满足幼儿的生理需求，凸显“健康性”，即满足幼儿的生理需求，实现其生活自理能力的发展：保障基本的生活物质条件，一日生活环境的合理安排，满足幼儿生活自理能力的发展需求，对特殊幼儿的关爱等。

（二）安全性原则

满足幼儿安全需求，凸显“安全性”，即保护幼儿身心安全，促进其自

我保护能力的发展：保障物质环境安全，尤其是教玩具充足、丰富有层次；保障身体安全与健康；教育方式得当，幼儿获得心理安全感等。

（三）互动性原则

满足幼儿的社交需求，凸显“互动性”，即满足幼儿情感互动需要，促进其自我归属感的发展：班级环境要满足幼儿归属感；教玩具互动要满足幼儿人际归属感；关注幼儿社会归属感状态等。

（四）接纳性原则

满足幼儿的尊重需求，凸显“接纳性”，即满足自尊需要，促进其自信力的发展：幼儿之间互相接纳，形成互尊互助氛围；师幼平等互助等。

（五）自主性原则

满足幼儿的自我实现需求，凸显“自主性”，即促进幼儿自主性的发展，实现主动学习和发展：环境创设全程凸显幼儿主体性；凸显幼儿在游戏和活动中的直接体验等。

三、“有意思”的幼儿园环境创设实践要点

（一）认真倾听接纳每一个幼儿的想法

教师要最大限度地倾听接纳每一个幼儿的想法，将环境和幼儿的生活建立联系，把足够的空间、时间和充分的材料都还给幼儿。基于幼儿的视角观察了解他们的兴趣与需要，与幼儿共同创设“有意思”的环境，在这过程中，不仅要关注幼儿、理解幼儿、移情幼儿，还需要给幼儿自我表达、自我探索、自我体验与自我创造的机会。

（二）积极思考赋予幼儿留白式的环境

基于幼儿视角出发的环境要更多考虑幼儿的心理诉求，教师要学会让环

境留白，让幼儿能自主参与环境创设的整个过程，让他们能够有自我探索、自我生长的空间。当然留白式的环境不是教师一味地放任，幼儿创设环境的能力需要一点一点地生长，教师应根据幼儿的发展水平适度留白，促进幼儿可持续地发展。

（三）努力支持鼓励幼儿的探究记录和表达

教师要通过环境的刺激，激发幼儿的兴趣和探索行为，追随幼儿的兴趣，支持他们的各种探索记录和表达。无论是大环境还是小环境，无论是主题环境的创设，还是公约的制订、班牌的设计，每个墙面，每处细节，凡是幼儿能做的都放手让他们参与、设计与创造，以各种动态的、多元的表征形式呈现幼儿"有意思"的探索过程。

第二章　创"有意思"的幼儿园环境的实践意义

创"有意思"的幼儿园环境主张在实践中呈现出的环境无疑是令人喜悦的，然而整个过程并非一帆风顺。刚开始我们也担忧幼儿是否有能力创设他们眼中的"有意思"的环境，是否能够创设好留白式的环境。经过一段时间的放手，也确实存在低潮的阶段。但是，我们选择相信幼儿，当幼儿活动受挫时，教师给予"有意思"的支持，在各种努力和尝试中，我们惊喜地发现幼儿的学习、教师的观念、课程的实施、环境的建设都发生了悄然的转变。

一、儿童的成长

幼儿从"被动参与者"到"主动探究者"。在实践中，幼儿的兴趣、幼儿的需要、幼儿的好奇心时刻被尊重、被支持，他们对事物的探索时刻保持着热情与执着。通过深入持续地探究，幼儿在一个丰富的学习环境里，从一个被动的活动参与者变成了主动的活动策划、实施、探究者。在实践中他们能够自主地进行多元表征、表达并创造"有意思"的幼儿园环境，不断建构知识，发展智慧，展现自己的生命能量。他们眼里闪烁着光芒，内心享受着问题解决的高光时刻。在这过程中，我们看到了幼儿蓬勃的好奇心、强烈的探究欲，同时还伴随着惊喜、兴奋、疑问、等待、坚持和满足等一连串的体验，绽放出闪闪发亮的自信心、成就感、荣耀感与幸福感。幼儿和幼儿之间、幼儿和教师之间、幼儿和家长之间的关系变得民主、平等、融洽、和谐。幼儿在感受力、想象力、表现力、创造力、语言表达能力、合作交往能力等方面都有了较好的发展。

二、教师的发展

教师从环境的“创设者”到环境的“推动者”。教师是幼儿在幼儿园的共同生活者，是课程建构者，教师能够在幼儿与环境之间架起一座桥梁，促进幼儿与环境的积极互动。实践中教师不再需要为创设环境花费大量的时间，她们越发认识到，幼儿是天生的主动学习者，其学习与发展是一个主动的建构过程，要让幼儿获得丰富的经验，必须更新观念，真正关注幼儿的生活和经历，关注幼儿的行动和思维，关注幼儿的体验和感受。要坚持幼儿立场，用心观察，俯身倾听幼儿的心声和需求，认真考量幼儿的兴趣、知识经验和能力发展的需要，及时捕捉教育契机，大胆放手，支持、鼓励、引导幼儿积极参与环境创设，吸引和激发幼儿与环境进行深层次的互动，给幼儿自主探索提供机遇，为幼儿的创造性表达提供充足的留白空间，成为幼儿创造环境的“推动者”。

三、课程的转变

课程从“单向主体”到“多向编织”。在以往的课程实施中，课程更多是教师单向的主体，环境创设中倾听不到幼儿的声音，看不到幼儿的想法，成人文化视角的幼儿园环境创设成为一个完全预设好的、明确的环境，把幼儿生活中丰富多彩、不确定的东西都给泯灭了。环境变成呆板的、确定的东西，幼儿失去了创造者的身份，成了一个接受者，这有悖于以幼儿为主体的理念追寻。为此，实践中要努力发挥课程建设中每一个主体的作用，让幼儿、教师、家长共同参与，平等对话，追随兴趣共同编织灵动的教育现场，生成课程。教师通过倾听更好地发现幼儿的兴趣与需要，通过反思时刻保持对幼儿和环境的敏感性，不断探寻有价值的教育生长点；通过“有意思”的支持，让课程背后的机制更有利于实现幼儿对留白式环境的创造与贡献，进一步激发幼儿的创造性。

四、环境的转变

环境从“教师视角”到“幼儿立场”的转变，教育要回归幼儿的真实生活，满足幼儿多元选择的活动需要。实践中我们欣喜地看到环境创设从“教师视角”到“幼儿立场”的转变带来了巨大的变化。幼儿在环境中能大胆创造并表达“有意思”的环境。如好玩有趣的“洞洞书吧”“幸福地图”，灵活多变的“值日生海报”“超能物架”，神秘独立的“秘密抽屉”“月亮小屋”，情感共鸣的“心愿画卷”“我的朋友圈”，自由探索的“秘密基地”“光影工作室”，自然生态的“亲亲自然角”“自然盒子”等，环境中处处呈现着幼儿留下的轨迹、留下的智慧，这些为课程的发展，为那些不期而至的教育契机，为师幼的幸福生活带来更大的空间、更大的可能、更多的创造、更多的灵动。

第三章　创“有意思”的幼儿园环境的实践策略

策略一：亲亲自然角

智慧缘起：

幼儿之于自然，如同草木之于雨露，鱼儿之于江湖。幼儿园的自然角，宛如大自然的微缩景观，亦是开启幼儿认知世界的明窗。这片绿意盎然的天地，是幼儿探索、观察与实践的宝地，蕴藏着无尽的知识与奥秘。如何基于幼儿视角，创设童稚可爱、新奇有趣、灵动变化的自然角环境，充分挖掘自然角的内在教育价值？师幼拟打造“亲亲自然角”，通过“规划设计”“自主探究”“动态更迭”，让自然角活起来、玩起来，让自然角成为幼儿与大自然亲密“对话”的重要媒介，成为幼儿领略自然魅力、感悟生命奇趣的游戏乐园。

策略说明：

首先，以幼儿视角，创智慧环境。幼儿是环境的主人，在创设伊始，通过“自然漫聊会”邀请幼儿参与讨论与布置，共同规划、决定自然角的空间布局、区域命名和展示内容等。与此同时，教师尊重并支持幼儿在自然角建设中的智慧贡献。例如，当发现植物在假期无人照料时，幼儿巧妙设计并制造出远程控制的“浇花机器人”；利用废旧矿泉水瓶搭建别致的“音乐鱼池”，为小鱼们提供了更宽敞的活动空间；模拟古代轱辘取水的原理，将灌溉过程游戏化，使原本枯燥的工作变得充满乐趣。这些充满创意的巧思不仅赋予了自然角趣味性，更是幼儿智慧在环境中的最佳体现。

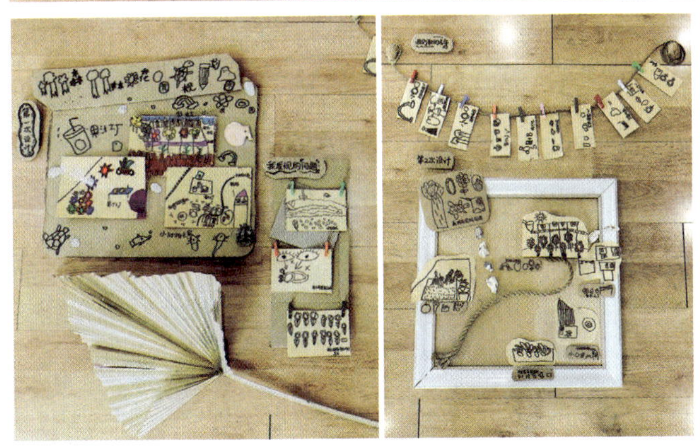

自然角规划设计

音乐鱼池

其次，享自然之奇，探自然之趣。在"亲亲自然角"打造别样的"趣味角""智慧角""探究角"，种养新奇有趣的动植物，提供趣味盎然的探究工具，开展妙趣横生的自然探究，为幼儿提供探索与发现的空间。新奇有趣的动植物是吸引幼儿探索自然的重要因素，选择一些具有代表性或富有特色的动植物，可以激发幼儿的好奇心和探索欲望。例如，有近视眼的六角恐龙鱼，只需要空气就能养活的空气凤梨，轻轻触碰就会发出香味的碰碰香，自然界的食肉植物捕蝇草等等。趣味盎然的探究工具不仅支持幼儿自主而深入地观察和探索，还能培养他们的动手能力和科学素养。如用显微镜观察细微的叶脉结构；用尺子测量植物的高度、长度，了解植物的生长情况和形态特征等；用儿童相机记录下观察到的自然现象和动植物，帮助幼儿更好地记忆和整理观察结果。除此之外，欲玩转自然，唤醒幼儿对世界的感知力与想象力，那就和幼儿一同开展妙趣横生的自然探究吧！通过"无土栽培实验"，感受现代科技农业的魅力；通过"松果闭合实验"，发现植物种子的传播方式和适应环境的生存智慧；通过"太阳能喷泉实验"，了解日照变化的规律，感受太阳能量转换的神奇！

新奇有趣的小植物

松果闭合实验

太阳能喷泉实验

最后，随四季而变，随兴趣而长。一个灵动变化的自然角，不仅能够随着季节的变化呈现出不同的景致，还能根据幼儿的兴趣进行灵活调整。这样的自然角更具生命力和吸引力，每个季节都有其独特的景色和特点。例如，在生机勃勃的春天，幼儿感受不同土壤中蕴含的不同营养，观察对比发现植物生长的秘密；观察青苔的生长样态，感受平凡生命也有别样的美；制作雨露收集器，收集雨水晨露，涵养植物，期待植物可以茁壮成长。在诗意浪漫的秋季，幼儿种秋、养秋、探秋、赏秋、晒秋，分享秋收的喜悦和满足，感受大自然的魅力和生命的循环。自然角的内容不是一成不变的，而应根据幼儿的兴趣和关注点进行灵活调整，并支持幼儿在“自然笔记”中大胆记录下自己的探究过程与发现。例如，幼儿发现幼儿园中的小蚂蚁增多，在自然角创设“蚂蚁地图”探索蚂蚁习性；观察到乌龟的小鼻子冒出泡泡，在自然角打造微型生态圈。这些灵活调整和变化持续激发幼儿对自然的好奇心和探索欲望，让自然角成为幼儿园环境中一道亮丽的风景线。

生机勃勃的春季自然角

诗意浪漫的秋季自然角

探索自然的"自然笔记"

“亲亲自然角”不仅具有“童”“趣”“智”的特点，还描绘出自然与生命的精彩，成为与幼儿亲密对话的奇妙世界。“自然漫聊会”邀请幼儿参与环境的规划与布置，体现了儿童性，彰显了儿童感。有了新奇有趣的动植物朋友、探索工具和自然探究实验的加持，也让环境更加童趣可爱、玩味十足、引人入胜。“自然笔记”在感悟四季变化中追随幼儿的真问题，进一步凸显幼儿的智慧与思考。让自然角不再仅是无人问津、枯燥乏味的观赏摆设，而是支持幼儿真正走进自然的最佳场域，是探究自然的学习空间，是享受自然的快乐源泉！

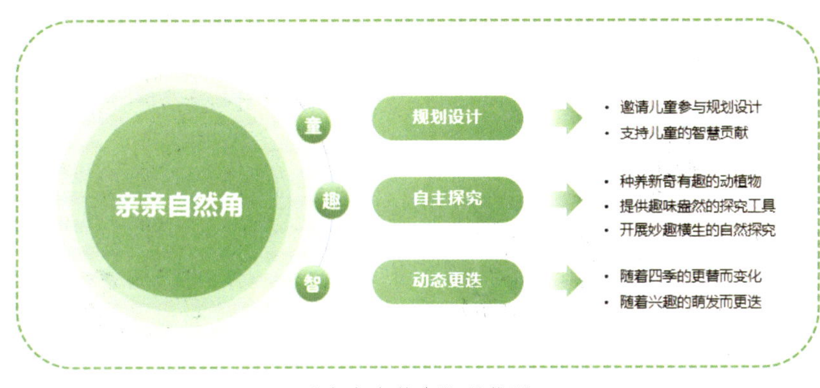

“亲亲自然角”思维图

（供稿人：吴毅婷）

策略二：洞洞书吧

智慧缘起：

阅读环境是一种氛围，它如同润物无声的春雨，滋养着幼儿生活，潜移默化地影响着生理和心理都正处在迅速发育发展中的幼儿。充满童真童趣的阅读环境，是幼儿所向往的阅读天堂，它能带给幼儿一种良好的阅读体验。师幼共同创设的“洞洞书吧”是支持幼儿阅读探索的乐园，多样的“洞洞空间”、多种的“藏书洞洞”等让幼儿在与环境的游戏互动中爱上阅读，让阅读成为一种享受、一种乐趣。

策略说明：

“洞洞书吧”的创设蕴含着幼儿的奇思妙想，支持幼儿通过多种形式进行阅读。镶嵌于墙内的“秘密洞洞”是幼儿能够独享或与同伴安静阅读的私密空间；木栈板组合成的“洞洞花园”为幼儿提供面对面交流分享的平台，增进同伴间的沟通；L形的“洞洞沙发”可供幼儿集体分享、师幼共读绘本或进行集体式阅读。除此之外，“洞洞书吧”中还放置了阅读书桌，支持幼儿探索记录，自主表达自己的阅读感受，更促进师幼、幼幼间的情感交流、互动分享。

秘密洞洞

洞洞书吧

“洞洞书吧”琳琅满目的“藏书洞洞”与丰富多样的图书，激发幼儿分类整理的兴趣。在与幼儿共同商讨后，我们根据书本的不同特征将图书放进相应的“藏书洞洞”。如木栈板的“洞洞沙发”中，放置绘本故事书；“洞洞小树”的石头洞洞藏着有趣的小人书与图书卡片；“洞洞宝箱”中妙趣横生的有声图书，则带给幼儿无限的憧憬与想象。为了方便取放和查找图书，在“洞洞沙发”的醒目位置，幼儿用自己喜欢的方式，如绘制图书封面、创编图书编码，为“洞洞书吧”的图书设计专属标识。“洞洞书吧”的爱心天使们，可以帮助年龄较小或找不到图书的幼儿寻找图书，为他们讲解标识的含义。

游戏性、趣味性十足的“洞洞书吧”，宛如一本天真浪漫的童话诗集，展现出幼儿的蓬勃朝气与无限的创造力。当幼儿在阅读过程中，发现书中有意思的情节、小秘密时，可以到阅读书桌上进行记录，并用小树杈将它悬挂在“洞洞小树”上；或者将秘密藏进“石头洞洞”中，吸引其他幼儿去寻找。当阅读到精彩的图书时，幼儿可以在“图书分享会”进行好书推荐，在“洞洞舞台”选择手偶、指偶、自制材料等进行演绎，让静态的图书“活”起来。除了现有的书籍外，幼儿还可以尝试自制图书，并将它们放置在“洞洞展台”展示分享，或鼓励幼儿录制关于自制图书的故事，生成二维码后传递给更多的教师和幼儿，让他们身临其境地感受到图书制作的乐趣。

洞洞展台

洞洞舞台

洞洞小树

“洞洞书吧”是全园幼儿的阅读天地，不同班级的幼儿在每周五离园前便可到师幼共创的“洞洞书吧”预约板，预约下周到“洞洞书吧”的阅读时间。除此之外，师幼共同制定“洞洞书吧”的阅读规则，引导幼儿正确、科学、有效阅读，培养幼儿良好的阅读习惯。当发现图书破损时，幼儿可以到“图书医院”中运用工具进行修补。若幼儿在“洞洞书吧”中阅读到喜欢的图书时，便可通过“图书漂流”，将要借阅的图书做好登记，与家人分享阅读的喜悦，在还书日期截止前归还即可；幼儿也可将家中有趣的图书，“漂流”到“洞洞书吧”，让一本本承载着幸福与美好的图书温暖每个幼儿的心田。

童真童趣的“洞洞书吧”，凝结着师幼的爱与智慧，赋予图书鲜活的生命力。妙趣横生的环境创设，不仅深化幼儿对图书的理解，更鼓励幼儿自主表达、交流分享。让阅读成为一种追求、一种爱好，使幼儿在动态的互动中滋养创造力，在收获阅读的乐趣与喜悦中，感受书中所蕴含的真、善、美。

图书医院

好书推荐

图书预约

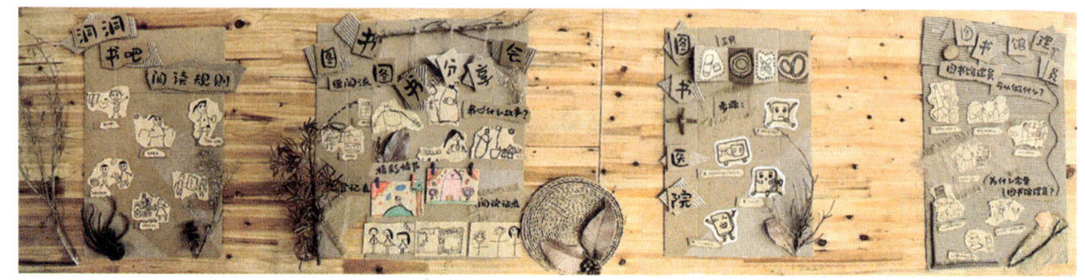

“洞洞书吧”使用公约

（供稿人：甘巧慧　丘婧　黄芳）

策略三：月亮小屋

智慧缘起：

幼儿园是幼儿成长的转折点，亦是他们独自探索世界的起点。初入园的幼儿常因环境的变化、亲子的分离、同伴的陌生等原因出现分离焦虑，而这种焦虑也直接影响到了幼儿的午睡。如何营造温馨、宽松的氛围，支持幼儿在充满爱与关怀的环境中，倾诉与缓解焦虑？师幼共创“月亮小屋”，帮助幼儿找到适宜的疏解通道，与幼儿共同面对“成长的挑战”。

策略说明：

“月亮小屋”位于温馨、舒适的阅读区，设有“午安娃娃”“声音城堡”“魔法亲亲”。在静谧的午睡时光，它们可帮助幼儿舒缓情绪，让幼儿享受安恬的梦乡。

月亮小屋

午安娃娃

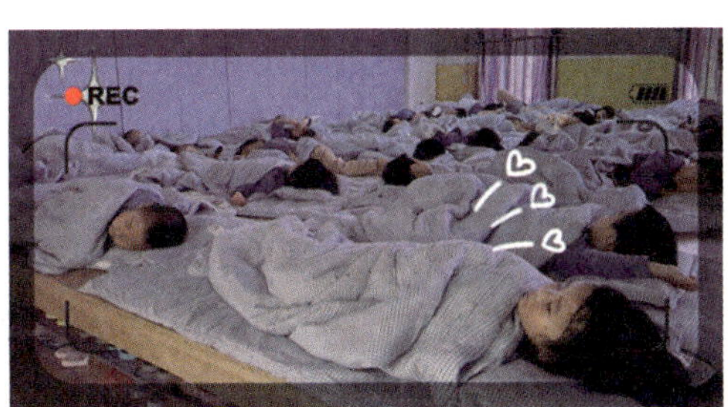

静谧的午睡时光

“午安娃娃”能够给予幼儿心理安慰，是陪伴幼儿入睡的依恋物品。小班幼儿处于依恋期，依恋物可以成为他们与家人之间的情感纽带。对于有依恋物需求的幼儿，可以带一件从小陪伴自己的玩偶或自己盖的小毯子做为陪伴物，帮助他们克服焦虑和不安，缓解分离和陌生焦虑，增加安全感。

“月亮小屋”中的“声音城堡”是帮助幼儿走进甜蜜梦乡的法宝。“声音城堡”可以用轻柔的音乐、睡前小故事营造出一个舒适的睡眠环境，帮助幼儿更快地进入睡眠状态。也可以播放妈妈录制的安抚语音，幼儿听到熟悉的声音和语言感到轻松和安心的同时也培养了幼儿的独立性和自我安抚能力，让他们逐渐适应离开妈妈的环境。还有哥哥姐姐录制的睡觉智慧小锦囊，通过对午睡问题的解答，如“尿床了怎么办”“睡觉前要做哪些准备”“中午一定要睡觉吗”等，为幼儿提供榜样和引导，让他们知道午睡是一种正常的行为，消除疑虑和不安，逐渐培养幼儿自主入睡的能力。

《魔法亲亲》是一本幼儿都十分喜爱的绘本故事，其中浣熊妈妈在小浣熊的手掌心留亲亲的做法充满了爱与关怀。在“月亮小屋”也有这样温馨的一角“魔法亲亲”，在这里贴着幼儿的全家福照片，每张照片的背后都贴满了魔法亲亲的贴纸，而每一张爱心贴纸都象征着家长的爱与陪伴，给予幼儿心灵上的安抚与对爱具体而直接的感知。

声音城堡

故事音乐盒

魔法亲亲

“月亮小屋”作为帮助幼儿舒缓情绪、释放焦虑的午睡小窗口，在观照幼儿内心需要的同时亦帮助幼儿逐渐养成独立自主的睡眠习惯，保障了幼儿生命成长中不可或缺的“营养”——充足的睡眠，让困扰幼儿的“午睡问题”变成了一份关怀、一份期待、一个惊喜、一种陪伴，帮助幼儿缓解入园焦虑，品味童年的幸福！

（供稿人：黄芳　翁琍玲）

策略四：秘密基地

智慧缘起：

环境是重要的教育资源。于幼儿而言，“有意思”的环境莫过于他们自己创设的环境。幼儿参与环境的创设不仅是尊重幼儿、信任幼儿的重要显示，更是落实“儿童友好”的重要途径之一。如何在户外环境中充分尊重幼儿的想法，开辟属于幼儿的游戏场域？师幼共同商议，绝佳的方式正是在幼儿园现有的户外环境中打造属于他们的“秘密基地”，支持幼儿以其天马行空的创想改造环境，开启奇妙的探索之旅。

策略说明：

要在幼儿园的户外环境中打造属于幼儿的“秘密基地”，不妨通过以下三个步骤：自主改造，创意命名，趣玩基地。

首先，引导幼儿观察户外环境，寻找一个适合建立“秘密基地”的地点。这可能是一个小角落、一丛灌木，或是一个小土堆。重要的是，这个地方能让他们感到安全、私密和有趣。让幼儿从周围环境中收集他们认为有用的材料，如树叶、花朵、小石子、木棍等。他们也可以从家中带来一些小玩具或装饰品。在确保安全的前提下，让幼儿自由发挥，用他们收集的材料来改造这个地方。可以是小型的搭建工作，也可以是在地面上绘画。如幼儿拟在幼儿园的灌木丛打造一个丛林迷宫，可是泥泞的地面不利于幼儿行走，于是他们开启了“铺砖大业”！

幼儿打造丛林迷宫

其次，在基地改造完成后，教师可以启发幼儿为他们的“秘密基地”起一个有创意的名字。这可以是一个关于它的功能、它的外观，或者它给人的感觉的名字。让每个孩子分享他们想到的名字，并解释为什么这么命名。待集体商议选出最喜欢的名字后，教师可以协助幼儿在“秘密基地”的显眼位置标记上它的名字。这可以是在石头、木棍或纸牌上写上名字，或者做一个简单的标志牌，让环境更充满儿童味、充盈创意智慧、充溢艺术美。

幼儿设计的路牌

幼儿制作路牌

最后，启发幼儿探索基地的多种玩法并提供相应的游戏材料。教师可鼓励幼儿思考在“秘密基地”怎么玩，玩什么。如“找神秘宝藏”，在秘密基地藏匿一些小宝藏开展寻宝游戏；“物种大探秘”，引导幼儿观察秘密基地周围的动植物，并收集他们感兴趣的样本与同伴分享；“涂鸦大作战”，引导幼儿在秘密基地的墙面、地面或其他可用的表面上自由涂鸦，大胆表达自己的想法等等。丰富有趣的游戏使幼儿对秘密基地更加充满兴趣，也使这里成为幼儿的游戏天堂。

幼儿设计的游戏玩法

物种大探秘

“秘密基地”饱含着教师对于环境这一重要教育资源的重视，通过以上三个步骤，让幼儿对自己设计的“有意思”的环境充满兴趣与期待。幼儿不仅能够参与到户外环境的改造中，同时“秘密基地”也成为他们与大自然亲密接触、享受户外活动乐趣的一个重要场所，发挥环境在童年“润物细无声”的教育价值。

（供稿人：吴 凡 陈翰诚）

策略五：光影工作室

智慧缘起：

万物皆有形，万物皆有影。光影游戏是幼儿十分喜爱的游戏形式之一，它让幼儿沉浸在光与影的奇幻世界中，尽情享受探索与创造的乐趣。一个充满探究性的光影环境不仅能够唤醒幼儿的好奇心和求知欲，点燃他们的探究热情，更能碰撞出无限的创意思维。基于此，如何充分利用幼儿园现有空间，打造生动美妙、万千变幻的光影世界？在与幼儿共同商讨后，师幼在幼儿园绣球花楼的一楼转角处创设了“光影工作室”这一充满神秘趣味与创意美学的光影区，让幼儿成为懂艺术的科学家、会探索的游戏大师！

光影工作室

策略说明：

一个富有魅力的环境，能有效地激发幼儿的游戏欲望，并潜移默化地影响幼儿。“光影工作室”将艺术与科学完美结合，涵盖了三个区域：“光影剧场”“镜子小屋”和“互动乐园”。在这里，幼儿能够自由探索光与影的奥秘，让光与影的交融展现出无尽的魅力。

在“光影剧场”的舞台上，幼儿能够尽情地沉浸于光影的魔法之中，感受科学探究的无穷魅力。例如在明暗交错间寻找影子的踪迹；利用自制的道具和皮影手偶演绎他们钟爱的童话故事；抑或是将颜料和色素巧妙地混合在水里，装入瓶中，再利用光影工作室的窗户作为投影屏幕，幼儿便能亲身体验到光的穿透性，感受到光与色彩的完美结合。

光影剧场

“镜子小屋”是在楼梯与地面之间巧妙地嵌入镜子软膜，进而营造出一个完全由镜面包裹的独立空间，为幼儿揭示了镜子的奥秘，展现了光影的神奇魅力。在“镜子小屋”中，幼儿探索镜子折射、反射、成像的秘密，观察镜中的影像，感受不同影像发生的变化，还可以在镜面上进行彩色积木搭建，探索空间纵向视觉的延伸等等。

互动乐园

“互动乐园”为幼儿提供了一个充满探索与发现的奇妙世界，在这里融入了高科技的多媒体软件，幼儿可以在花海、球场、天空、水波等195种虚拟情景中开启沉浸式的互动之旅。例如虚拟花海，幼儿近距离凝视、伸手触摸或者踩踏花朵，都会影响空间中花的诞生、绽放乃至凋谢。用手轻轻触摸蝴蝶，蝴蝶跑开，触摸绽放的鲜花，鲜花凋谢。“互动乐园”让幼儿置身于色彩斑斓的虚拟世界，开启一次次沉浸式的互动体验。

“光影工作室”拥有丰富的材料，任幼儿畅游探索的海洋；多样的环境，满足了幼儿的好奇心。在感受光影的神秘中，探索奥秘、挖掘智慧；在与环境的互动中，体验世界的多彩、领略知识的深邃。让幼儿在探索中，去体验、感受，以环境促幼儿在科学探究中的深度学习！

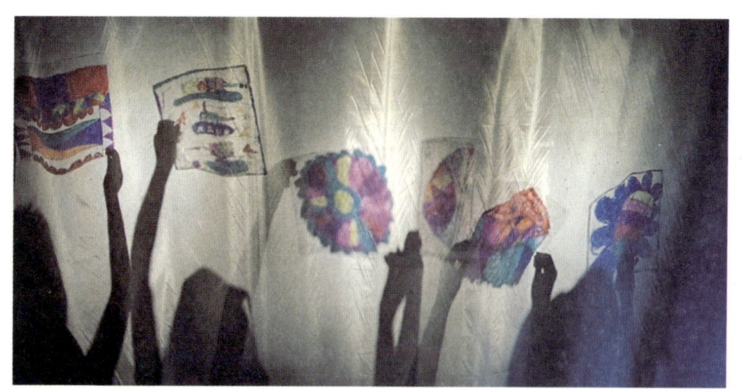

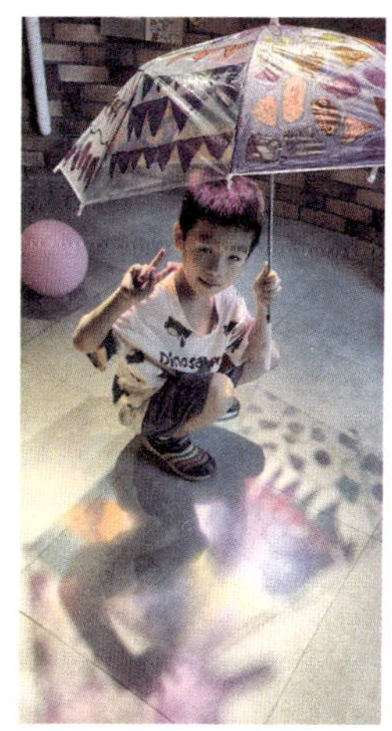

幼儿进行光影游戏

（供稿人：陈婉欣　郑丽红）

策略六：心愿画卷

智慧缘起：

愿望表达是反映幼儿心声的重要形式，每个幼儿都是有思想的独立个体，他们有着独特的想法与对美好事物的向往，心愿也总是色彩斑斓。然而，由于幼儿的愿望各不相同，幼儿日常表达愿望的机会较随机，致使教师容易忽视幼儿的愿望，无法保证每个幼儿内心的渴望与情感的需求都得到应有的关怀。因此，师幼在便于幼儿自由表达、结伴分享的班级长廊上共创“心愿画卷”，将幼儿的愿望及时记录并展示出来，一方面可以通过幼儿的愿望了解幼儿的情感和需要，另一方面支持幼儿与环境的互动，让每个幼儿的小心愿都能被看见，都能闪耀光芒！

心愿画卷

策略说明：

珍视幼儿纯真又童稚的愿望，“心愿画卷”为倾听幼儿、展示幼儿的内心世界提供了新的媒介与平台。“心愿画卷”即利用心愿三部曲的方式，帮助幼儿记录下自己的心愿并尝试实现的过程。它包含三个基本板块：心愿多元表达、心愿优化分类、心愿实现旅程。

首先是心愿的多元表达。幼儿可在“心愿随记本”上随时、随地记录下萌发的小心愿。师幼亦可就近期感兴趣的话题，共同确定出一个主题并将主题性的心愿记录在“长画卷”上，使每一位幼儿都有表达的机会、每一个幼儿的想法都有被看见的可能，如“我的新年愿望”“毕业心愿”“生日愿望”等。幼儿的表达方式是多元的，当幼儿不愿意用符号表征心愿时，“心愿录音机"是另一个展示自己愿望的方式。幼儿可将自己的心愿用语音的形式录制下来，教师借助"便签机"将语音转录成文字。这不仅便于教师洞察幼儿的想法，减少教师因手写记录而造成的幼儿消极等待，而且当幼儿知道自己的声音被倾听、被珍藏时，其满足感与幸福感更是油然而生。

幼儿在长画卷上描绘心愿

幼儿交流自己的心愿

其次是心愿的优化分类。它使心愿实现旅程更加有条理性，是心愿整理与整合的过程。"心愿优化指南"为幼儿提供了优化心愿的具体指引，如将较难以实现的、宽泛的心愿优化为可能实现的、具体的心愿，将疑问句转换为陈述句，将意思相近的或可以整合的心愿进行优化整合等。幼儿的心愿具有普遍性与独特性。通过"心愿分类盒"，按照许愿的人数以及愿望实现的难度进行分类，有助于教师灵活运用集体、小组、个人的组织形式，珍视每位幼儿的心愿并支持幼儿在实现愿望过程中获得既有挑战亦有满足感的幸福体验。

心愿优化指南

幼儿分类心愿

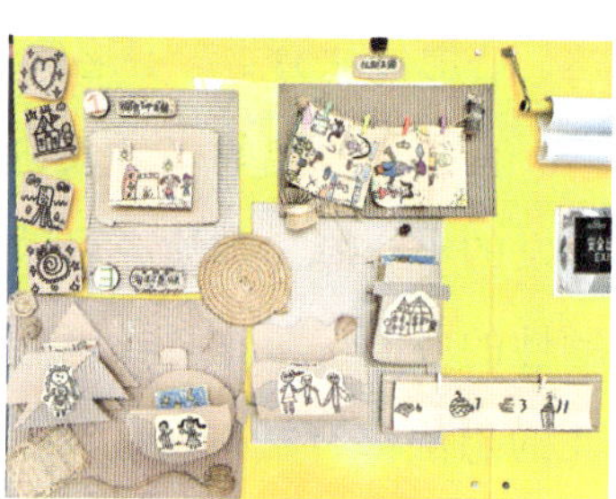

心愿分类盒

最后是心愿的实现旅程。对于许愿人数较多、实现难度较大的愿望，教师提供“心愿气泡图”，支持全班幼儿集思广益，共同梳理实现愿望的方法。对于许愿人数较多、实现难度较小的愿望，幼儿可使用“心愿折叠书”，以小组为单位一起实现愿望。对于许愿人数较少、实现难度较大的愿望，幼儿可使用“心愿漂流瓶”将自己的心愿带回家，与爸爸妈妈一同记录下实现的过程后再带到幼儿园和同伴分享。对于许愿人数较少、实现难度较小的愿望，可使用“心愿宝盒”及三种不同颜色的便利贴：粉色的便利贴用于记录幼儿实现愿望的困难，蓝色的便利贴是其他幼儿对许愿幼儿所提出的建议，棕色的便利贴用于记录幼儿实现愿望之后的心情。

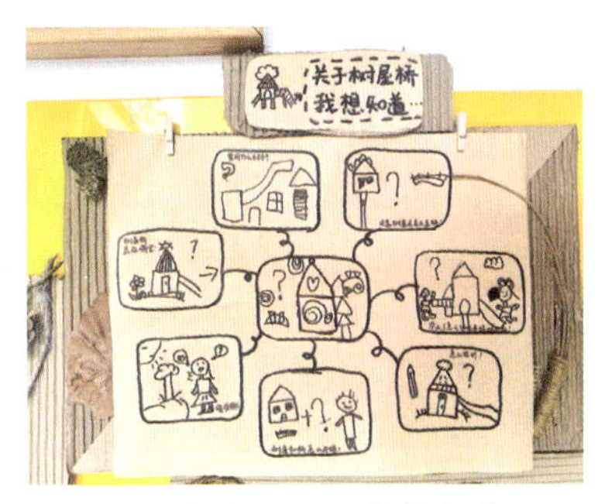

心愿气泡图呈现集体智慧

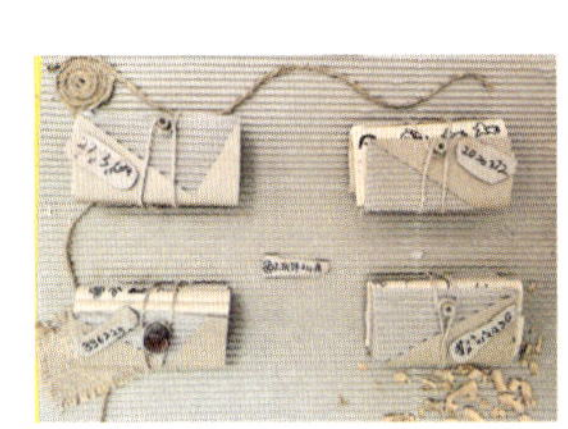
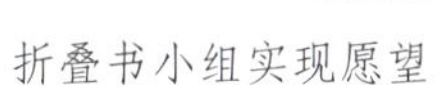
折叠书小组实现愿望

心愿漂流瓶关照幼儿个性化需求

心愿宝盒支持幼儿多维表达

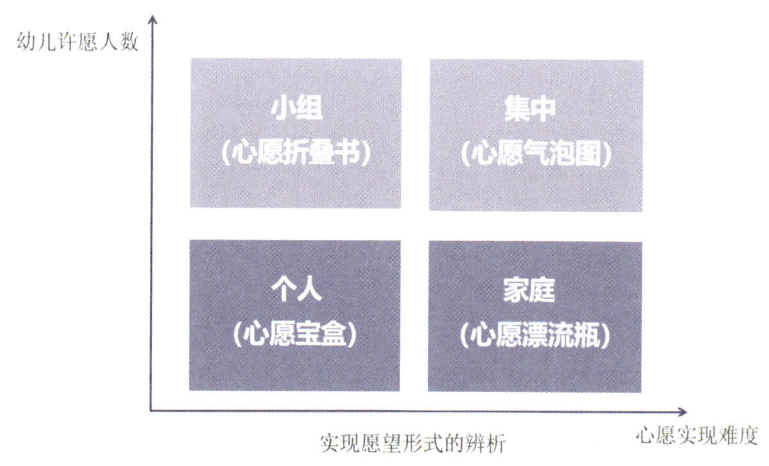

“心愿画卷”为教师洞察幼儿的内心世界、为幼儿多元表征提供新的可能。它将目光指向全体幼儿，强调对每一个微小愿望的尊重、理解与接纳。活动过程中巧用新技术、新科技收集、记录幼儿的心愿；妙用小巧思、小方法，进一步回应支持幼儿实现心愿，不仅初步建立起环境与幼儿的互动和互助关系，更让温暖而积极的师幼互动在充满幸福感中共生、共长。

（供稿人：吴毅婷）

策略七：问题小树

智慧缘起：

提问是幼儿表达自己疑惑和需求的一种方式，更是教师了解幼儿的兴趣需要，建立有效互动关系以及提供个性化指导的重要途径之一。基于此，如何创设有意义的、充满趣味的环境，使幼儿爱提问、善提问、乐提问，积极构建友好而温暖的班级“问题”文化？师幼共同创设“问题小树”支持幼儿记录下“美丽问题”，将幼儿的成长和植物的生长紧密联系，使幼儿的“美丽问题”被聆听、被珍视，发挥“问题”之于课程和儿童发展的重要意义与价值。

问题小树

策略说明：

幼儿敢于直面自己的好奇与疑惑，并能够提出有趣的、有价值的、独特性的问题，是提升幼儿问题素养的前提。师幼共创的“根须宝典”犹如幼儿提问的营养源泉，不仅有 5W——“何时、何地、和谁、为何、何为”的“提问指引表”给予幼儿提问支架，还有“问题之书”，提供了诸多提问元素，支持幼儿大胆想象、提出自己的美丽问题。如关于绵羊你有什么问题？当幼儿不知该如何提问时即可随机翻开问题之书，书中出现母亲的图像，幼儿可提出"绵羊的妈妈是怎么照顾小羊羔的？"

提问指引表

问题之书

幼儿翻阅问题之书

幼儿提出的问题往往较为零碎，呈现出不同的主题。"问题小树"上的一根根小枝干自然形成的分支，恰巧为对幼儿提出的问题进行有效分类提供了便利。随风飘落的树叶成为幼儿记录美丽问题的最佳载体，幼儿将这一片片"叶子便签"粘贴在问题小树的枝干上，犹如缤纷的叶子自然、美观，亦便于教师洞察幼儿的美丽问题，统计出孩子们不同的兴趣点，根据需要做出合宜的支持。

果实瓶子

叶子便签

“问题小树”中的“果实瓶子”是幼儿成长和收获的象征。当幼儿通过探究找到了问题的答案，他们可以把答案记录下来，放进果实瓶里。这些果实可以漂流到其他的小组，分享他们的知识和经验。亦可以拓展延伸至家庭，幼儿可将想要分享的美丽问题收藏于瓶内，和家长分享。通过“果实瓶”，不仅可以让家长倾听到幼儿的心声，了解幼儿的所思所想，更好地科学育儿，增进亲子之情，还可以鼓励幼儿积极思考，提出更多的美丽问题。

“问题小树”的创意呈现，帮助教师走进每一个幼儿的心灵，做一名有准备的教师，去了解每一位幼儿当下的经验、兴趣、需要，支持幼儿的学习与发展，让每一个美丽问题都被认真对待和解答；综合运用“根须宝典”“叶子便签”“果实瓶子”等方式收集幼儿的美丽问题，激发幼儿的思维，培养问题意识；更通过环境的隐性支持为幼儿提出美丽问题点燃思维的火花，让幼儿的美丽问题有平台可展示、有通道可以分享，让闪耀的问题文化成为一道美丽的风景。

问题小树策略思维图

（供稿人：赖思涵　黄荣荣）

策略八：幸福地图

智慧缘起：

餐后散步是幼儿在园一日生活中不可缺少的重要环节之一，沐浴着午后阳光，感受着花开蝉鸣，这本是教师与幼儿一天中最惬意的时光。然而，纵观幼儿园的散步活动，常呈现出“小朋友不能随便走”“散步只是随便走走”等幼儿被动散步、散步活动枯燥无味的问题。因此，教师与幼儿在环境中创设“幸福地图”，满足并支持幼儿自主散步的渴望，由幼儿决定散步的地点、形式及线路等，让师幼一天中最美好的闲暇时光真正慢下来，让幼儿的散步更加有趣、充满幸福感，进而寻找到师幼幸福生活的真正意义。

策略说明：

“幸福地图”是由师幼共同创设的，支持幼儿自主散步、趣味散步的多功能手绘地图。它展示在班级门口的“幸福地图墙”上，幼儿不仅能够直观地了解到可散步的地点，其中更蕴藏着许多智慧的小巧思。

幸福地图墙

午餐前每一位幼儿都能通过“每日投票夹”在“幸福地图”上选择自己想要散步的地方，票数最高的为当日散步目的地。当然，如果有多个地点票数相当，幼儿亦可一起讨论规划散步路线，最大限度地满足不同幼儿的需要。除了散步地点的自主，在“幸福地图”上还附有“小队长袖章”，午餐后，幼儿可以自行推选或自我竞聘出一名队长，带领大家散步，一改以往“教师在前，幼儿跟随”的传统做法，给予幼儿更多的信任与自由。

幼儿餐后选择散步地点

小队长勋章

幸福散步

散步游戏化为餐后散步注入了新鲜的活力。在散步前，幼儿可抽取“散步游戏卡”，选择适合散步时进行的游戏，如“老狼老狼几点钟”“高人矮人走”“小动物散步”等不同的游戏增加散步的趣味性。伴随着“散步音乐盒”中悠扬的旋律，幼儿享受美好的散步时光，领略花草树木的春夏秋冬，也可根据不同儿歌的不同节奏进行游戏，沐浴自然与音乐相拥。散步结束后，幼儿还可以相互交流当日散步后的真实感想，并记录在“我的散步日记”上或将散步时搜集到的“小宝藏”收藏在“幸福宝贝袋”里，留下甜蜜又美好的散步印记。

散步游戏卡

伴随着音乐散步

记录散步小美好

幼儿园环境不仅是静态的陈列与摆设，还应具有互动性、功能性与趣味性。"幸福地图"让幼儿对每天的散步活动充满了期待，期望成为散步的领队，期望自己想去的散步地点成为目的地，更真切地渴望与同伴一同规划路线并分享散步的所感所悟，解决了幼儿希望自主散步的问题。让散步的路上处处是风景，处处都是师幼幸福成长的踪迹。

（供稿人：吴　凡　丘　婧）

策略九：值日生海报

智慧缘起：

幼儿园的值日生工作不仅能培养幼儿的责任感，还能提高幼儿生活自理能力，让幼儿在生活中得到学习与发展。教师通过与幼儿共同创设"值日生海报"，以可视化的环境解决值日生工作缺乏灵活性、趣味性，幼儿参与兴致不高等问题，支持幼儿更好地为自己、为他人、为集体服务，让每个幼儿都体验到做值日生的光荣感和自豪感，在建立责任感和自信心的同时成为班级的小主人、生活的小管家。

策略说明：

"值日生海报"支持幼儿以小主人的姿态对班级的各项工作进行自主化的管理。作为幼儿日常使用的功能展板，"值日生海报"创设在教室中较为醒目、便于幼儿操作的位置。经与幼儿讨论，在海报上设置了"值日小当家""今天我值日""值日小明星"等版块，让值日生工作更加灵活自主、生动有趣。

"值日小当家"海报是幼儿共同商议出的班级需要值日生完成的工作内容。幼儿以图画的形式将其表征出来，不仅直观易懂便于幼儿理解，更能增强记忆加深幼儿对值日任务的印象。幼儿每天可以自行选择自己想要值日的任务，并将自己设计的人像牌粘贴在任务卡下。在完成值日计划后，幼儿即可将相对的值日卡牌取下，夹在自己的身上，能够更直接地让幼儿了解自己值日工作的内容，帮助他们更好地完成值日活动。除此之外，“值日小当家”还提供了留白值日牌，支持幼儿根据需要灵活增设值日生工作内容，例如给小鸡盖房子活动增设工具管理员，秋日鱼池活动增设鱼池饲养员等。

值日小当家

自主选择值日生内容

照顾自然角

“今天我值日”海报是解决班级值日时间安排的问题，放置在班级智能考勤系统下方，不仅直观地呈现出每天值日的轮值安排，起到提醒的作用，还可通过考勤系统了解到班级幼儿的出勤情况。当遇上值日的幼儿请假，可由好朋友帮助其值日或由后一天的幼儿代为值日。与此同时，幼儿间亦可自主

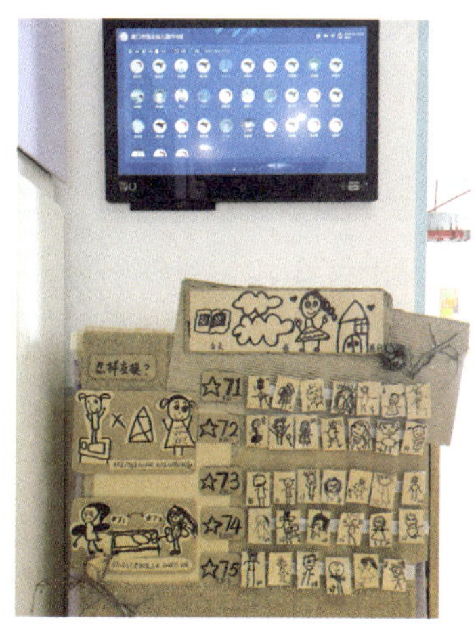

今天我值日

值日小明星

进行协商交换值日时间，同时将版面上的头像与之相交换进行调整，彰显值日生工作安排的灵活性与自主性。

"值日小明星"海报即幼儿以评价表的方式，对自己或同伴的值日工作进行评价。教师将评价表格过塑并附上白板笔就能成功实现评价表格的循环使用，评价表上方即为师幼共同挖掘出的小明星们（他们具有"不迟到、有责任心、能坚持、乐助人"等良好品质），评价表左侧附有子母贴便于对不同的幼儿进行评价。在评价表的底部还有"值日幸运盒"，每日的值日小明星们可以进行幸运盒抽签，获得专有的小特权，帮助幼儿建立内在的驱动力，激励幼儿更积极主动地参与值日活动。

在班级环境中设置的"值日生海报"，支持幼儿根据自己的兴趣、需要，选择适宜的值日时间、内容，让值日生工作变得更加灵活、可视；通过推出值日之星与值日幸运盒的互动巧思，让幼儿在参与中感受值日生工作的乐趣，使幼儿成为生活的小主人，使自主管理、热爱生活的种子在幼儿心中生根发芽。

（供稿人：陈婉欣　甘巧慧）

策略十：云鹿诗集

智慧缘起：

儿童有一百种语言、一百种世界。他们常常会冒出许多童言稚语，这些不经意间的话语竟也带着些美，带着些爱，带着些哲思……将它们串联起来时就像一首首有温度的小诗，给予成人无限惊喜。基于此，师幼一同创设了"云鹿诗集"，以幼儿园吉祥物"云鹿"命名，它是幼儿园文化的折射，记录幼儿最真实、最美好的诗言诗语。通过"多元感知""多种表达""多样展示"，支持幼儿天马行空地创作，将幼儿的心灵滋养与文化素养进行巧妙统整，走

云鹿诗集

进幼儿五彩斑斓的内心世界，营造充满诗意和想象力的空间，创设支持幼儿大胆表达自己对世间万物的所思所想的环境。

策略说明：

首先，感受与欣赏。与幼儿讨论后，“云鹿诗集”设置在班级阅读区温馨的一角。提供丰富的多元感知材料，鼓励幼儿在细心观察、体验、感受中为创作小诗积累经验和素材。如幼儿在户外活动中拾得的自然物，通过观察、触摸和闻嗅等方式，感受自然物的纹理、质地和气味；生活点滴的照片记录，通过回顾和分享这些照片，支持幼儿感受与发现生活中的小美好；与诗歌主题相关的图片、插画、海报等，通过视觉形象的方式呈现诗歌的主题和情感，支持幼儿更好地理解诗歌所描述的场景、人物和情感，引发幼儿对诗歌情感的共鸣。

其次，表达与创作。以“N类诗卡”“N本诗集”“N种诗帖”，支持幼儿表征。“N类诗卡”是一种简单而有趣的方式，为幼儿写诗提供一个基本框架，帮助他们更好地理解和组织语言。如问答诗卡，“为什么天那么蓝？因为大海映在上面。为什么海那么蓝？因为天空倒映在海面”；感官诗卡，“菜地里的小黄瓜，摸起来好像爸爸的胡子，刺刺的”；拟人诗卡，“小雨点，滴滴答，跳起舞来真优雅。落到伞上成珍珠，滑落到地噼里啪”等。提供“N本诗集"，运用纸盒做架子，摆放色彩鲜艳、美观大方的诗集记录本，拓展幼儿写诗的形式。幼儿可充分利用家庭、集体、小组等自由抒发对身边自然风景、人事物的感悟。"N 种诗帖"即提供画纸、干花、叶子等，以及各种颜色的彩笔、蜡笔等多种工具，不仅便于幼儿及时记录下自己的小诗，更是支持幼儿运用绘画、手工制作或前书写等方式创作自己的小诗。

共创小诗

N 种诗帖

幼儿创作的小诗

最后，展示与陈列。利用不同的媒介和形式来呈现幼儿的诗歌作品，能够进一步激发他们的创造力和表现力。如用立体书、视频、音频将小诗呈现在班级语言区的诗集展示墙上，支持孩子们随时欣赏和交流。除此之外，幼儿园的博物长廊亦是幼儿展示小诗的绝佳场所。以长卷轴的方式呈现不仅增加作品的艺术感，亦促进了幼儿之间的交流与互动，增强班级和幼儿园的凝聚力和文化氛围。

诗画长廊

“云鹿诗集”的背后承载着幼儿自由、丰盈的精神世界，而这片精神土壤更需要成人用心支持，用爱浇灌。师幼共创的互动体验区、“N 类诗卡”“N 本诗集”“N 种诗帖”以及多元的小诗展示空间支持幼儿在环境的浸润下大胆表达，让有温度的“云鹿诗集”在快节奏的社会中治愈心灵，给予幼儿最宝贵的精神力量。

（供稿人：丁雅蓉　陈颖慧）

策略十一：自然盒子

智慧缘起：

儿童是自然之子，自然亦是幼儿最佳的游戏场所。他们天生好动、热爱嬉戏，在与自然环境的互动中感受生命的存在，体悟自然的博大。然而，随着社会的发展和现代生活环境的改变，幼儿接触电子产品的频率越来越高，致使他们与自然的接触逐渐减少，进而不再喜欢自然游戏或不知如何开展自然游戏。因此，除了幼儿园户外环境本身应具有丰富的自然探索资源之外，教师还应以自然情怀与教育智慧创设启发幼儿探索自然的环境，而“自然盒子”正是与幼儿一同打开自然之门、重燃对自然的热爱与礼赞的绝佳方法。

策略说明：

“自然盒子”是幼儿亲近自然的媒介，包含“自然游戏盒”“自然绘本盒”等支持幼儿与大自然亲密接触的游戏材料和自然主题。“自然盒子”放置在班级门口，幼儿可自主选择游戏材料和内容开展自然游戏，探索自然的奥秘。

“自然游戏盒”以其多元的玩法和多样的种类滋养着幼儿的灵性与创造。在“自然奇妙盒”里有幼儿自制的石头响板、沙瓶，可以随时在大自然中奏乐，倾听大自然的声音；有自然相框，可以把找到的自然物进行艺术创作；

还有会说话的电视机，支持幼儿将自然中的宝藏进行创意拼摆，创作属于自己的自然电影。“神秘摸摸盒”里存放着各种幼儿寻来的自然物，如无患子、苍耳、松果等等，幼儿通过指尖的触摸、细致的观察与同伴介绍、分享，增进对自然物的了解。“自然抽卡盒”赋予了新的探索和创作动力，幼儿可在自然卡片上记录自己内心的自然探索愿望，可以是自制小鸟喂食器，制作树枝泡泡棒，还可以去寻找森林中的小精灵等等，不仅增加了游戏的趣味性和挑战性，也激发了幼儿对自然的好奇心和探索欲望。

“自然绘本盒”中有丰富多彩的自然资源盒子，如植物家族盒、动物世界盒、昆虫王国盒、自然现象盒等等，师幼一同收集关于自然的绘本图书、音视频，分享认识自然、欣赏自然、尊重自然、热爱自然、保护自然、敬畏自然的精彩故事，进一步丰富对自然的认知，让每一样大自然中的事物都焕发出光彩。

随着玩法的逐步升级，新的问题和需求不断涌现。我们注意到幼儿在自然游戏中表现出“时间不够充足”“希望与好友分享”以及“更深入探索”的诉求。为此，除了日常的自然探索之外，我们还与幼儿共同商议并决定将每周五定为“幸福自然日”，为幼儿提供了更充裕的游戏时间和探索自然的机会，让这特别的一天变成了礼物遍野的节日，支持幼儿在大自然的怀抱中尽情玩耍、学习和探索，体验自然的美好和魅力。

自然是奇思异想的荟萃，更是幼儿知识和快乐之源泉。教师在倾听幼儿的需求后，不断支持幼儿的想法和探索，让幼儿做回自然的孩子。通过“自

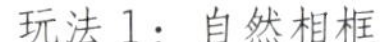
玩法 1：自然相框

玩法 2：会说话的电视机

玩法 3：树枝吹泡泡

然盒子”，我们创造了幼儿接触自然的机会，重燃了他们对自然的兴趣，增进了幼儿亲近自然的情感；幼儿在与自然的积极互动中，丰富经验，活跃思维，发展感知觉，激发创造。

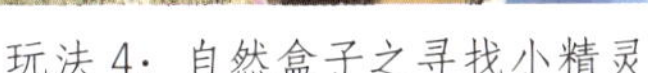

玩法 4：自然盒子之寻找小精灵

玩法 5：自然抽卡盒

玩法 6：寻找大自然中的颜色

幼儿操作自然盒子

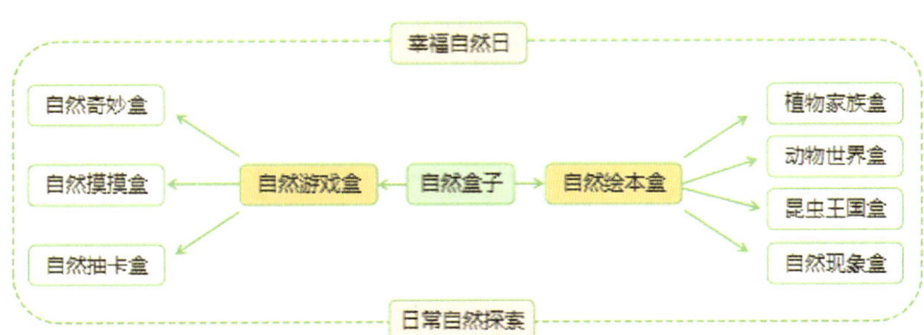

自然盒子思维图

（供稿人：赖思涵）

策略十二：秘密抽屉

智慧缘起：

秘密伴随着幼儿的成长，是他们内心世界最隐秘的方寸天地。拥有秘密和保守秘密是幼儿走向成熟独立的标志，能与亲近的人分享自己的秘密不仅是幼儿自我感形成的表现，更体现了对环境的信赖。每个幼儿都有专属于自己的秘密，他们的秘密像彩虹般缤纷，像蛋糕般甜蜜，像牛奶般纯洁，像咖啡般苦涩……如何在环境中打造一个不被打扰的秘密储存空间，支持幼儿不受约束地体验秘密、体验自我？为此，师幼创设了"秘密抽屉"鼓励和支持幼儿表达自己的秘密，理解和尊重幼儿守护自己的私密空间。

策略说明：

幼儿的秘密是私密的、富有想象的，亦是充满情感与童趣的。因此，"秘密抽屉"的创设一方面要充分体现对幼儿秘密的尊重，保护其隐私，另一方面也要关照幼儿的内心世界，当幼儿愿意将自己的小秘密进行展示分享时能够给予真挚而温暖的回应。

"秘密抽屉"设置在人流量不多、便于幼儿与同伴亲密交流的教室一隅。"秘密抽屉"由诸多半开放式的小抽屉、小盒子组成，虽然空间不大，但依旧成为幼儿探索自我、分享秘密的宝地。幼儿可以随时在"秘密日记"里记录下自己的秘密，或是在"秘密抽屉"中将秘密进行珍藏。

秘密抽屉

"秘密抽屉"用富有创意与美感的布帘制成的"秘密窗户"，为幼儿的秘密提供了不被打扰的私密空间。当“秘密窗户”关上时就意味着幼儿不愿将秘密公之于众，他人不能随意窥探；当“秘密窗户”敞开时，就意味着希望将这份纯真而美好的秘密进行分享。教师与幼儿可随时发现幸福的秘密，交换传递爱的喜悦。师幼可制定“秘密分享日”，幼儿可将自己感到开心与幸福的秘密在全体幼儿中进行分享，教师也可参与其中与幼儿进行互动谈心。如若幼儿不愿在集体前分享，通过“秘密传声筒”可将自己的秘密分享给自己想要分享的同伴或教师，同时还可以在“秘密空间”中通过将自己的秘密心事与“秘密娃娃”进行分享，让自己的内心得到一种情感的释放。

幼儿的秘密是多样的，并不是所有的秘密都洋溢着幸福的喜悦。“秘密树洞”是另一个增进师幼互动的平台。幼儿可以匿名记录下自己尴尬或难以启齿的秘密，将它投递到“秘密树洞”中，教师或幼儿可以在“秘密信件”背面，以图画的方式进行回应，为其排忧解难，缓解幼儿的心理焦虑，释放幼儿的内心压力。

秘密传声筒

秘密电话

秘密娃娃

良好的环境能够使幼儿产生积极健康的情感，允许幼儿拥有自己的秘密并与幼儿共创属于他们的私密空间是师幼彼此信任、相互尊重的最佳体现。幼儿的秘密充盈着梦幻般的甜蜜，饱含着对生活的热爱与向往。“秘密抽屉”通过“秘密日记”“秘密树洞”“秘密传声筒”“秘密电话”“秘密娃娃”……为幼儿提供了与自我独处的空间，让他们感受到安全、被接纳与理解，无忧无虑地编织着童年的梦。

（供稿人：甘巧慧　吴慧媛）

策略十三：超能物架

智慧缘起：

在生活中培养幼儿"愿整理""懂整理""慧整理""善整理"，有利于提高幼儿动手能力，增强幼儿自我服务意识，形成良好的秩序感。然而，教师时常听到幼儿"抱怨"自选玩具收纳柜总是乱糟糟的，不易找到自己心仪的图书或玩具，收纳柜中的玩具和书本亦出现不同程度的破损等问题。如何通过环境的改造，与幼儿一同在问题的解决中体验生活妙招带来的便利，发现巧手改变生活的美好？为此，师幼共思、共研、共商、共创"超能物架"，拟唤醒幼儿智慧，从幼儿成长的实际需求出发，为幼儿提供一个灵活、趣味的空间，有序、整洁的环境。

策略说明：

"超能物架"设在班级最方便取放物品的森林书吧。它是一个立体旋转式的物架，分为三个部分，中间部分用来摆放玩具，两边各做了三层的书架，在每天的区域活动时间、午餐后的自由活动里，幼儿能够有序地在超能物架上选择心仪的图书或玩具自主游戏及阅读。

"超能物架"能够有效解决玩具、书籍摆放混乱的问题。通过"物品对对碰"，鼓励幼儿将相同物品进行分类整理，如益智类、操作类、语言类玩具等，把相同用途的玩具存放在属于它们的玩具筐或收纳盒

超能物架

里。同时可根据超能物架的布局和空间，合理地划分不同的区域，如设置书架区、玩具置物区等不同存储区域，针对不同物品的特性给它们选择适宜的收纳区域，让物品存放更加有序。

可视化的标签彰显环境的隐性提示，它提醒幼儿在收纳时将物品分类存放。师幼一同在玩具筐及置物架上绘制“玩具名牌”，不仅便于幼儿迅速找到所需的玩具，亦能让玩具的摆放更加整洁有序。在图书置放区增设“图形标签”，根据图书的大小、高矮，再次对图书进行了细化分类，制作形状标签，并贴在图书右上角及与之对应的书架上，这样避免了图书硬塞造成破损，也增强了幼儿爱护图书的意识。

除此之外，在为图书进行细化分类摆放时，幼儿迁移图书馆摆放图书的经验，提出要为超能物架设置检索用的“超级号码”，通过倾听——理解——接纳——回应，与幼儿讨论出了融合 10 以内的算式题作为物架的“超级号码”，贴在最显眼的图书置放架上，幼儿可根据物架算式题，匹配相应得数及颜色、形状等图书标签找出图书存放位置，让图书的摆放变得有趣又整齐，同时也拓展了幼儿收纳整理的经验，感受二维分类在生活中的用处。

幼儿有序摆放图书及玩具

“超能物架”成为幼儿心目中喜爱的多功能玩具收纳架，使幼儿的整理意识和整理能力得到了显著提升。“超能物架”不仅使幼儿掌握了收纳整理物品的方法，帮助幼儿解决了因玩具柜乱糟糟而导致的各种“小烦恼”，更重要的是，激发了幼儿的责任感与收纳意识，支持幼儿在自由、有序的环境中，感受到更多的快乐和满足，充分体验“懂整理”“慧整理”带来的便利，感受善生活、乐生活的浓浓生活味。

（供稿人：丘　婧）

策略十四：我的朋友圈

智慧缘起：

“微信朋友圈”作为新型社交平台，早已成为融入大众的一种生活方式。“朋友圈”不仅能将生活中的美好记忆悉数珍藏，通过“朋友圈”的展示分享及朋友间的彼此关心，更增进了社会交往与人的情感联结。对幼儿而言，他们有着与他人交往的需求，渴望与同伴分享自己的所见、所闻、所思、所感。在师幼交流后，我们拟通过创设“我的朋友圈”营造充满关爱与支持的社交

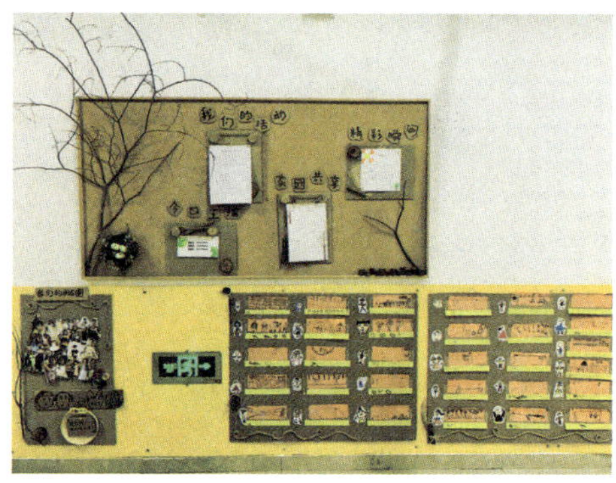

我的朋友圈

环境，使之成为分享点滴美好与情感表达的温床，成为幼幼之间、师幼之间双向互动的平台。

策略说明：

一个充满儿童味的环境，自然少不了幼儿对环境创设的参与和决策。因此，朋友圈设置在哪里、怎么设置、如何互动等都由幼儿自主决定，教师则充分尊重幼儿的创意，鼓励其大胆设计。经由师幼讨论，朋友圈设置在班级便于幼儿讨论的温馨一角，幼儿决定在班级的墙面上设计并粘贴自己的头像，头像旁边设有插卡处与记录单，便于随时记录发布自己的“新动态”。随着幼儿记录表征能力的提高，可以发现幼儿的“朋友圈”内容涵盖广，呈现着共享式的生活话题，其中包含了日常生活中的多种活动场景、难忘的游戏、节日故事，还有幼儿自由的心情记录等。

如何让朋友圈更有意思，支持幼儿更自如、勇敢地进行分享表达，这是创设朋友圈的关键问题。通过同伴间“送你一颗小爱心”的贴纸温情点赞、“幸福投递”的插卡留言、“心情加油站”等方法，与幼儿讨论如何赶走坏心情。还可以用“好朋友加加油”等方式，让幼儿在一个个拥抱间感受到同伴的温暖，在一张张鼓励的便利贴上发现自己的闪光之处，在一次次真诚分享中收获自我的肯定感。除此之外，教师在幼儿分享“朋友圈”时期待的眼神、好奇的追问、热烈的回应都使得幼儿感受到自己被珍视、被关注、被爱包围着，进而更愿意进行表达与交流。

幼儿在一次次的记录表征中体验着自由绘画和前书写的愉悦，在一次次的真诚分享及同伴互相“点赞”、支持的过程中，得到情感的抒发与宣泄，提升了自我认同感。通过“送你一颗小爱心”“幸福投递”“心情加油站”等别出心裁的环境巧设，使“我的朋友圈”成为幼儿记录生活点滴的输出媒介，更成为幼儿在同伴、成人的理解与支持中得到情感抒发及认同的心灵驿站，当中珍藏着弥足珍贵的童年印记。

关于台风"莫兰蒂"的朋友圈

关于"我的情绪小怪兽"的朋友圈

（供稿人：丁雅蓉）

策略十五：魔法故事书

智慧缘起： 幼儿园多样的课程活动，能够促进幼儿全方面多角度地发展。回忆课程内容的过程，也是对他们习得的经验技能进行重新归纳和梳理的过程。如何更好地支持幼儿更细致、更完整地描述出自己的成长故事，将这些充满温情的成长回忆悉数珍藏？在班级环境中有这样一角"魔法故事书"，它不仅是幼儿记录生活、再现课程、收集精彩瞬间的媒介，更是装满着小美好的成长档案。它的种类是多样的，呈现方式是多元的，制作主体是多方的。一处一景、一篇一页、一点一滴都承载着幸福的纪念。

魔法故事小书屋

策略说明：

为了便于幼儿制作、分享与展示魔法故事书，师幼一同在班级中创设了“魔法故事小书屋”。在制作区中有各种美工材料——彩色笔、胶带、剪刀等等，幼儿可集体制作一本记录班级成长足迹的故事书，可自己制作一本有着个人感悟与收获的专属故事书，亦可邀请家长参与到故事书的制作当中；在分享区，幼儿可以跟他人自由地交流分享故事书的内容，同时也会邀请家长们也参与到故事会的分享当中，让家长能够从幼儿的分享中发现幼儿的收获与成长；展示区则是陈列魔法故事书的地方，让这一本本、一册册珍贵的回忆书充分、全面地反映孩子成长的动态过程，真正做到让孩子的成长看得见。

制作区

分享区

展示区

“魔法故事书”的记录可以是实物类，便于幼儿在分享的过程中，将其再次取出，重复感受。如在活动过程中收集的种子、树叶、花朵等。可以是图画记录类，展示幼儿从对未知的调查，到最后获得各种知识经验的历程，便于幼儿在活动结束后进行回忆梳理。如幼儿的调查表、记录单、思维导图等。还可以是多媒体信息类，能够再现幼儿探究的场景，便于幼儿进行回忆。

幼儿制作魔法故事书

成长有迹，记录有趣。“魔法故事书”有插卡式、折叠式、留白式等趣味记录方式。插卡式即在故事书上用硬膜粘贴出一个个小口袋，幼儿可在活动过程中将需要收纳的各种种子、树叶、记录等等，直接插入这些小口袋中，方便随时收集。折叠式的收纳即将幼儿活动过程中的记录以连环画的形式呈现，不仅能够储存更多幼儿的记录与表达，还能够对同一主题下的不同内容进行归纳分类，幼儿在回忆的过程中也能够按照类别进行分享，更有条理性。留白式即在故事书上留有一定的空白页，在回忆后，可以让幼儿继续增添自己对该活动的新感悟与新发现，抑或是在这场活动中幼儿对自己的评价。

总而言之，“魔法故事书”是一本本有温情的成长回忆录。在“魔法故事书”中幼儿的每个表达都能被收录珍藏，不仅解决了幼儿因缺乏具体的凭借物而无法清晰地表达出自己游戏的探索历程的问题，亦为幼儿创设了回眸点滴小时光的玩味空间，更好地记录下成长足迹，留住美好童年。

（供稿人：陈婉欣　应春燕）

课程故事

第四章　创“有意思”的幼儿园环境的课程故事

一、建树屋，敢想咱就做

扫码观看视频

故事缘起：

幼儿园的跳跳山坡是幼儿十分喜爱的户外游戏场地。一天，幼儿在跳跳山坡上游戏时，宏文惊喜地呼唤道：“我爬到树上了，如果树上有个房子，我就可以一直在上面玩了！”其他幼儿被宏文的喊声吸引，纷纷跑过来，围着大树看了又看，一场关于树屋的话题开始了：“树上有房子吗？”“我们能在幼儿园的树上盖房子吗？”幼儿的探索热情被激发，他们的愿望能实现吗？

宏文爬到梯子上

故事一：树屋初体验

什么是树屋呢？世界上都有哪些树屋？关于这些问题，师幼展开了一场树屋分享会。蕊孜唤醒了自己的记忆：“我和爸爸妈妈去过真的树屋！那里很美，推开窗就看到绿草地、秋千，还有很漂亮的鸟窝。”宸欣想象着自己心目中的树屋："树屋就是在树上的房子，是能够拥抱大自然的。"宏文介绍自己搜寻到的奇特树屋："世界上造型最奇特的树屋有三层，听说这是一个女巫住的；还有 UFO 树屋，UFO 就是飞碟的意思，是有外星人住的……"

分享会后，幼儿都把自己最喜爱的树屋记录下来。但此时钰绎小朋友提出："大家分享的树屋都离我们太远了，有没有离我们近一点的树屋呢？"钰绎的疑惑也引发教师的思考，幼儿的学习是以直接经验为基础的，若真能找到合适的树屋，和树屋来次近距离接触，对幼儿了解树屋大有裨益。

于是教师请幼儿回家调查，看看周边有没有好玩的树屋。通过调查，他们了解到市区有树屋咖啡厅，那儿的超级旋转滑滑梯实在是太吸引人了！

终于到了秋游的这天，幼儿和家长如约来到滑滑梯树屋，有的好奇地观察着树屋下面的小池子里有没有小鱼，有的迫不及待地爬上树屋玩起了超级旋转滑滑梯，有的和小伙伴们分享美食，还有的用画笔记录下这次美妙的树屋之旅。

奕潼：树屋太好玩了，真的是盖在树上面的，有一个超级旋转滑滑梯。

义丰：我和钰绎他们在树屋旁边玩堆城堡的游戏，我们还变成了奥特曼来保护城堡和树屋呢！

宸欣：我在树屋玩得很开心，还把树屋画下来了，好美！

宏文：我们好喜欢树屋呀，快在咱们幼儿园也盖一个树屋吧！这样就能一直在树屋上玩啦！

教师反思：

幼儿关于树屋的初印象是生态的、美好的、充满想象的。虽然树屋分享会上孩子们开拓视野领略了世界各国树屋的风貌，可有什么比身临其境更能感受到树屋的趣味与生动呢？在家长的大力支持下，教师将活动带到了户外，带到了现场，和幼儿在真实的环境中感受树屋、观察树屋、与树屋做游戏。在这次神奇的树屋之旅中，幼儿收获的亲身体验感是图片与文字无法比拟的，更是激发了幼儿想在幼儿园盖树屋的强烈愿望。教师该支持吗？

树屋分享会

幼儿参观树屋

树屋写生

故事二：树屋筹备中

（一）盖什么样的树屋？

当幼儿提出“希望在幼儿园也盖个树屋”这听起来有点儿疯狂的想法时，教师该不该支持他们？如果支持，又如何帮助幼儿实现愿望呢？为此，教师在对幼儿的前期经验进行分析后，发现幼儿的已有经验并不少：幼儿在语言区阅读过绘本《忙碌的工地》，参与了园史墙的建设和布置，在建构室玩过大型建构游戏，在木匠铺玩过木工游戏。

果不其然，当楠一提出"我们要怎么盖树屋"时，俊宇马上回答道："建树屋就像我们之前在建构室盖忠仑公园那样，需要先画一张设计图！"于是，教师请幼儿回家和家长一同设计心目中的树屋。

隔天，幼儿将设计图带来幼儿园，并一一介绍自己设计的树屋。

子悦：我设计的树屋是小鸟和人都可以住在树上闻花香的。

奕恬：我的树屋在屋顶上有个窗户，这样阳光就可以照进来了，很温暖。

钰绎：我设计的树屋屋顶是西瓜形状的，天气热的时候可以在上面乘凉呀！

宇皓：这是我设计的彩虹色屋顶的树屋，有很多漂亮的彩灯，小鸟喜欢来我们的树屋玩，小朋友们也玩得很开心！

……

这么多的设计图要选哪一个呢？幼儿进行投票。原以为幼儿多会选择自己的设计图，结果令人意外。彩虹树屋几乎获得了所有幼儿的青睐，大家选择的理由更是充满了爱：选择彩虹树屋，因为所有小朋友喜欢的颜色，都在上面！

（二）建树屋需要什么材料和工具？

确认好设计图只是盖树屋的第一步，如何将设计图变为现实才是问题的关键！盖树屋需要哪些材料和工具呢？为了丰富幼儿的前期经验，教师发放了调查表，并和幼儿讨论。

欣然：可以用硬的木头来盖树屋。

子浩：妈妈说建树屋首先需要有一棵大树，还需要螺丝、钉子、木头、螺母和玻璃，需要的工具有锤子、螺丝刀、扳手等！

吴老师：可是这些材料和工具要去哪里找呢？

义丰：我在超市有见过！

俊宇：在建筑工地那里！

吴老师：除了超市和建筑工地，还有哪里有这些材料和工具呢？咱们幼儿园里有吗？

奕恬：咱们幼儿园的木匠铺有许多的材料，保安叔叔那儿肯定也有很多的工具吧！

讨论完，幼儿立马出发，来到木匠铺找到了锤子、扳手、锯子、手套等工具，在保安叔叔那儿找到了玻璃胶枪、钉子、卷尺等。大家开心极了。同时，他们也在“蝴蝶竹林”里获得了一个意外的惊喜！

宇皓：你们快看，这里有好多的木头！而且是那种很大很大的木头！

宏文：哇！真的啊，这个可以拿来建树屋呀，盖那种不仅可以给小鸟住，还可以给小朋友上去玩的树屋。

其他幼儿纷纷赞同。

原来蝴蝶竹林那儿有一个“材料超市”，这里的材料都是幼儿园装修后剩下的材料呢！用这些材料建树屋可再合适不过了，既环保又安全。工具和材料都找到了，幼儿又会遇到哪些问题呢？

（三）盖树屋可以请谁帮忙？

义丰说：“这下我们可以去盖树屋了吧！”但是宸辉担心地说：“还不行呢！这些木头那么重，我们哪里搬得动呀！我们还要请大人帮忙呢！”可是请谁帮忙呢？

幼儿一致认为保安叔叔是个合适的人选。于是，幼儿用自己的方式给保安叔叔写了一封信，邀请他参与到盖树屋的行动中。保安叔叔欣然答应了幼儿的请求。

幼儿兴冲冲地准备开工时，秋婷突然说道：“小朋友怎么能随便在幼儿园里盖树屋呢？我们还是去问问亲爱的园长老师吧！”有了给保安叔叔写信的经验，幼儿也给园长老师写了一封信。信中写道：“亲爱的园长老师：早上好，小朋友们可以在樟树上盖一个树屋吗？谢谢您！”

园长很认真地倾听了幼儿的愿望和对树屋的畅想，肯定了他们的想法，大力支持和鼓励幼儿通过自己的双手实现梦想！

教师反思：

在树屋筹备过程中，幼儿能够迁移以往建构经验，迈出建树屋旅途的第一步；在遴选设计图时，幼儿不仅进行天马行空的想象，更闪耀着欣赏他人的真诚、为他人着想的善意；在寻找工具和材料时，开动脑筋思考可利用的物质资源；遇到自身无法解决的问题时亦能大胆向成人求助，善用身边的人力资源。这些积极主动的探究、单纯美好的善良无一不令人着迷。

幼儿参观树屋设计展

彩色屋顶树屋

小朋友给保安叔叔送信

分享盖树屋需要的材料和工具

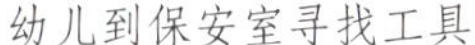

幼儿到保安室寻找工具

带园长老师参观盖树屋的樟树

故事三：树屋开建啦

（一）第一步建什么？

经过一系列的准备，幼儿终于着手建树屋了。他们兴高采烈地搬来所有材料和工具，可迟迟动不了工。

教师：你们觉得第一步要建树屋的哪里呢？为什么？

黄彦：从屋顶开始，因为下雨的时候屋顶可以帮我们挡雨。

茂辰：从门开始，要有门才能到树屋里去。

幼儿的回答五花八门。虽然前期做了许多的准备，但是到底要从哪儿开始盖呢？大家无所适从，这也是未预料到的难题。回到教室，师幼一起搜索盖房子的流程。原来，盖房子第一步是要“打地基”，为的是让房子更加地牢固。

在保安叔叔的指导下，幼儿再次来到大树下开始实地测量。一人拉，一人固定，一人看，只见卷尺越拉越长，从树干直至第一根树杈的位置。“保安叔叔，我们要盖一个这么大的树屋！”楠一一边指着卷尺，一边对保安叔叔说道。于是，保安叔叔在地上相应的位置画了4个圈圈说：“你们先在这里挖4个洞洞，这样木头才能更好地固定在地上噢！”

孩子们拿起铲子就开工了！可没一会儿，幼儿就汗流浃背了。若熙站起来扭了扭自己的身子："盖房子还真是有点儿累呢！"

宸欣：对啊！我也有点儿累了，但是妈妈说做事情一定要坚持到底，所以我还是继续吧！

若熙：我累了就给你们当啦啦队加油，休息好了再继续！

此时，我欣喜于幼儿拥有的坚毅乐观的品质，但亦希望启发幼儿对问题的思考。

教师：真为你们的坚持而感动！可是有没有更好的挖土方法呢？

唐锌：手的力气不够大，所以我就用脚了。

若熙：将铲子扎在土里前后摇晃，可以让土松动，就更容易往下挖了。

宏文：还可以两个人一起配合，一个扶住铲子，一个用锤子敲。

听到这么多的新方法，幼儿仿佛又充满了力量，边敲还边唱起了歌，相互鼓励，相互合作，越挖越起劲儿！终于，幼儿把 4 个地基洞挖好了。

（二）不够高怎么办？

幼儿用卷尺测量，用铲子挖掘填埋、打地基，通力合作将小木桩成功地安插在挖好的洞洞里了。可要让小木桩更加牢固，还是得用锤子固定才行。但是小木桩太高了，小朋友们够不着怎么办呢？

教师：有什么办法可以把自己变高呢？

子悦：跳跳山坡那里有好多轮胎，我们可以站在轮胎上让我们变高！

真是个好办法！于是幼儿赶忙到跳跳山坡运来了轮胎。通过试验，发现两个轮胎叠在一起高度正合适，成功解决了固定木桩不够高的问题。

固定木桩只是搭建树屋的起步，开始了真正的搭建后，才发现这一切并不容易。树屋能建成吗？需要在搭建树屋上耗费多长时间呢？是要紧锣密鼓地督促幼儿快速完成，还是剩余的工作交给成人就好？此时教师思考：幼儿的生活不应被时间所拘役，这本是为追随幼儿的兴趣、珍视幼儿的愿望而生发的活动，只要他们能享受过程，又何必过度担忧结果呢？

当一日生活不再被已有的计划所填满时，幼儿能够在富有松弛感的时间里做着自己喜欢的事儿。在留白时间里，幼儿给废旧的木板抛光、用锯子切割、用画笔画出了爱心形状的窗户……其间，不断生发问题又不断解决问题，树屋的建设过程有条不紊地推进着。

这天，到了要将屋身木板以及屋顶组合安装上树的时候了，可幼儿又遇到了和之前同样的问题——不够高！显然叠加轮胎垫高的方法行不通。

宏文：用大吊机吧，我看到建筑工地都有大吊机。

张一：不行不行，大吊机太大了，会把大树弄伤的。

奕潼：用一个很高很高的楼梯就可以啦！

若熙：我知道！操场上有。

原来若熙是想起了操场上的安吉积木。

于是，幼儿到操场上搬来了安吉梯，有的在下面帮忙支撑，有的在上面负责固定，有的忙着整理场地，有的在为同伴加油打气！大家团结合作。

建树屋可真不是一件容易的事，但幼儿从未轻言放弃。他们互相鼓励：坚持就是胜利！在幼儿和保安叔叔的共同努力下，以及专业人士对树屋的安全性进行验收后，建设终于竣工了！

教师反思：

皮亚杰认为，身体活动既是感知的源泉，又是思维发展的基础。在盖树屋的过程中，教师始终为幼儿的学习保驾护航，创设富有呼吸感的生活，鼓励幼儿在愉悦满足中获得良好的学习品质，在劳动创造中磨炼坚毅的品格。而闪耀着光芒的幼儿不仅体验着用自己创造的双手、挥洒的汗水换来的成功喜悦，更是在直接感知、亲身体验、实际操作中收获成长，在真实的劳动情境中深度发展。

幼儿搬运材料

幼儿尝试测量

用轮胎把自己垫高

用锯子切割

用砂纸抛光

用锤子固定

用梯子架高

故事四：树屋盖好了

（一）在树屋上玩什么？

树屋的建设完工后，幼儿亲手建造的小建筑不仅是幼儿成长的印记，更应成为幼儿游戏的天堂，教师鼓励幼儿把自己想在树屋上玩的游戏记录下来。

经过统计，发现幼儿想玩的游戏主要有汽车滑梯、音乐、公主扮演、传声筒、绘画等内容。于是，幼儿自主分组进行讨论，商量出要准备什么材料，具体该如何实施。

汽车滑梯组：我们小组的小朋友想要做一个汽车的滑滑梯，让小汽车从树屋上滑下来，下面的小朋友接住后把汽车送到停车场。

公主组：我们想要当公主，别人可以给我们拍照，我们都穿得很漂亮。有皇冠、仙女棒、蝴蝶翅膀，还有很多好看的衣服。

画画玩玩组：我们可以在树屋画画，需要一些纸和笔。还有一些小小的玻璃瓶，我们可以画很多的愿望，然后藏在玻璃瓶里，这样大树就会听见了。

传声筒组：传声筒可以用来打电话，需要有两个小朋友，还要有喇叭，中间也要连起来，不能断掉了，不然就会听不见。

音乐组：我们想在树屋唱好听的歌，可以打鼓，需要准备的东西有木头、贝壳，还有小木块和小木棒。木头断掉了就会发出咔嚓的声音，贝壳小木块和木棒敲一敲也会发出好听的声音。

各小组分享完自己的计划后就进入实施阶段，有的到自然角搬来管子等材料制作传声筒，有的从家里带了漂流瓶绑在树屋上，有的摆弄着大管子要制作一个最特别的汽车滑梯，有的用贝壳制作风铃、用木头和小木棒组合制作成鼓等。很快，树屋的游戏环境就布置好了，幼儿也开开心心地在树屋上做游戏了。

传声筒组的幼儿集思广益

制作传声筒

幼儿记录：在树屋上玩什么

安装汽车滑梯

悬挂心愿瓶

在树屋做游戏

在树屋休息聊天

（二）怎么庆祝树屋建成？

关于仪式感，《小王子》一书中是这么说的："仪式就是定下一个日子，使它不同于其他的日子，定下一个时间，使它不同于其他的时间。"从幼儿萌生建造树屋的想法，到为树屋的建造做了一系列的准备，再到建造装扮的全过程，幼儿享受其中也收获了成长。既然树屋盖好了，仪式感怎么少得了呢？那么幼儿想要怎么庆祝呢？

志成：我想要吹很多很多的气球。

武浩：我们可以请大家吃巧克力蛋糕、饼干和面包。

宏文：我们可以准备一张桌子，桌子上面有小花，小朋友们还可以在那边画画。

宸欣：我们还可以邀请保安叔叔、园长老师还有全园的小朋友来和我们一起庆祝！

经过讨论，庆祝树屋建成的基本方案已经确定，下一步就是准备与实施了。根据方案，师幼一同准备材料，气球、花朵、非洲鼓、装扮服饰、玩偶、饼干模具……师幼共同期待着庆祝树屋建成的非凡时刻，而这一天一定是特别的一天。

6 月 11 日，阳光正好，幼儿的树屋建成庆祝仪式就在这天下午 3 点举行。

幸福漫漫聊——离庆祝仪式还有 7 小时

教师：你们想要参加哪个准备工作组呢？

宸欣：我想去邀请园长老师，我还准备在气球上画一个树屋送给园长老师！

欣然：我也想，我要用颜料画一个城堡送给保安叔叔！

宏文：我的力气大，我可以帮忙搬东西。

峻琦：打气球好玩，我要打气球。

若熙：我想要做香香甜甜的饼干给大家吃。

幼儿选择了相应的组别就开始“工作”。

场地布置最先开工——离庆祝仪式还有 5 小时

宏文协同其他几个小朋友搬来了桌子，铺上了桌布，还准备了纸和笔。另一侧子悦同黄彦、峻琦等如火如荼地打着气球，还将气球整齐摆放在了进入树屋的小路两旁，神圣极了。秋婷、沁言搬来了音乐区的非洲鼓、移动音响、话筒以及表演区的公主道具。顿时，一个既温馨又有趣的树屋呈现在我们眼前。

制作饼干提升幸福感——离庆祝仪式还有 4 小时

面粉与奶油的相遇，创意与爱的交融是饼干制作小组的最佳形容。在庆祝仪式开始之前，饼干小组的幼儿用心制作美味的饼干，每一个饼干似乎都承载着幼儿建造树屋的故事，制作饼干的过程也正如建造树屋一般，都是从无到有的过程，都是快乐幸福的体验。

邀请小分队出发啦——离庆祝仪式还有 1 小时

离仪式的时间更近了，快乐激动的心情亦更加浓烈了。邀请小分队的幼儿将要送给园长老师和保安叔叔的“邀请气球”做好了，也迫不及待地出发了。

欣然：叔叔，我们一会儿要在树屋举办庆祝仪式噢，欢迎你来参加，谢谢你和我们一起盖树屋!

奕恬：亲爱的园长老师，这是我画的城堡，我想要送给你，希望你能参加我们的树屋建成庆祝仪式，还有好吃的饼干噢。

树屋建成庆祝仪式开始了——离庆祝仪式还有 0 小时

向快乐出发！欢快的音乐声拉开了庆祝仪式的序幕，师幼一起舞动，一起品尝着自制的美食，一起回忆着盖树屋的点点滴滴！一阵阵欢声笑语、一张张童真的笑脸，是幼儿历经了思索、劳动、期待所自然流露的真挚情感。随着树屋建成庆祝仪式的落幕，幼儿关于树屋的探索也接近尾声，而树屋不仅是幼儿的游戏天堂，是他们全面发展的平台，更是一份珍贵又美好的回忆。

教师反思：

历时近一整个春夏秋冬，树屋承载着幼儿对美好愿望实现的期待。当愿望达成的神圣时刻，幼儿亦需要一个释放激情的戏剧高潮，满足其兴奋感与自我效能感。在教师和幼儿的共同筹备下，一场具有儿童存在感、自豪感、仪式感的树屋建成庆祝仪式轰轰烈烈地举办了。这不仅为一开始的美好畅想画下了最圆满的句点，更是幼儿幸福生活的最佳体现。在与幼儿共同面对生活中的“真问题”时，教师将幼儿宝贵的创造与想象视如珍宝，悉心呵护幼儿对于这个未知世界的好奇好问，支持与满足幼儿每一个微小愿望的达成，在劳动探索中磨炼品格、缔造幸福。

制作庆祝饼干

带气球去布置场地

庆祝仪式海报

邀请园长老师成功啦

向快乐出发

快乐剪彩

绘制心愿便利贴

和亲爱的保安叔叔合影

树屋

教师感悟：

1. 有效倾听的教育智慧，支持幼儿经验的“再生长”

活动中，教师始终倾听幼儿、珍视幼儿提出的真问题。当幼儿提出树上真的有房子吗，教师并没有直接将答案告诉幼儿，而是通过将问题抛还给幼儿的方式，引导幼儿自主探究。要设计一个怎样的树屋呢？要把树屋盖在哪棵树上呢？需要什么工具和材料呢？要请谁来帮忙呢？等等这些问题都是幼儿在活动中生发出来的，每一个真问题的提出都是幼儿对这个世界充满着好奇的体现，每一次真问题的探索也是幼儿构建经验获得成长的体现。

2. 张弛有度的课程结构，赋能幼儿“真问题”的探究

在富有尺度感的课程结构下，教师既能保证幼儿的基本生活以及基础性课程的学习和探索，又能灵活地应对幼儿在课程实践中所产生的“真问题”。当部分区域游戏功能重合且幼儿有探究需要时，教师则开展生成性的课程，如树屋之旅的漫漫聊和树屋建成庆祝仪式。除此之外，教师亦可灵活调整功能室活动，支持幼儿对真问题的探究，如将两周 1 次的沙水游戏变成四周 1 次，支持幼儿分享树屋设计图以及调整角色游戏后的户外体育活动，进行树资源探索，为那些不期而至的教育契机留下了足够的空间。

3. 诗意美好的劳动创造，彰显幼儿愿望实现的独特价值

劳动教育是国民教育的重要组成部分，在提倡德智体美劳五育并举的当下，我们支持幼儿传承优秀传统，在劳动中培养幼儿认真操作、吃苦耐劳的工匠精神。当幼儿提出想要在幼儿园盖树屋的想法时，听起来有点儿疯狂，但是幸福不就是每一个微小愿望的达成么。所以教师依旧支持幼儿用自己创造的双手、挥洒的汗水换来成功的喜悦，这何尝不是一种幸福呢？

（供稿人：吴毅婷　傅欣怡）

二、空中花园诞生记

扫码观看视频

故事缘起：

学期伊始，和幼儿一起总结了上学期自然角种植失败的经验——为什么自然角的植物都没怎么长？幼儿提出："大概是因为我们没怎么照顾它。""可能是因为我们用的是种子所以它长不大。""可能是因为太阳太大了，而我们又没有给它浇水。"新学期的自然角怎么种植？如何照顾植物呢？幼儿由此展开了自然角的建设与探索。

故事一：好朋友种植法

（一）什么是"好朋友种植法"？

一天的餐后闲聊中，幼儿提出了一个问题：新学期的自然角要怎么设计呢？幼儿总结了上学期的种植经验，提出："要给植物多浇水，要经常去照顾它，给它除草、施肥。""可以种植物的小苗，这样它就能快快长大。"希婕还提出了一个让植物长得更强壮的好办法——好朋友种植法。

什么是好朋友种植法呢？希婕告诉班上的小朋友："植物的好朋友是能够互相帮助的，能够帮助对方快快长大，长得更加强壮！"

芷扬补充："如果是坏朋友的话，就会抢走它的养分，它就会长不大了。"

经过她们的说明，幼儿提出我们也可以让植物和它的好朋友种在一起，这样植物才能快快长大！

提出好朋友种植法

什么是好朋友种植法

于是幼儿回家和爸爸妈妈一起完成了种植调查，第二天和伙伴分享，通过投票，选出了草莓和向日葵。

这两种植物是不是好朋友呢？通过查找资料，幼儿发现，这两种植物并不是好朋友，不过它们也不是坏朋友。那能不能种在一起呢？经过幼儿激烈的讨论，大家认为，既然不是坏朋友，就不会互相争抢养分，属于普通朋友，是可以种在一起的。

在此基础上，幼儿开始寻找向日葵和草莓的好朋友，结果发现它们的好朋友有菊类、鼠尾草。于是幼儿就决定种植这几种植物。

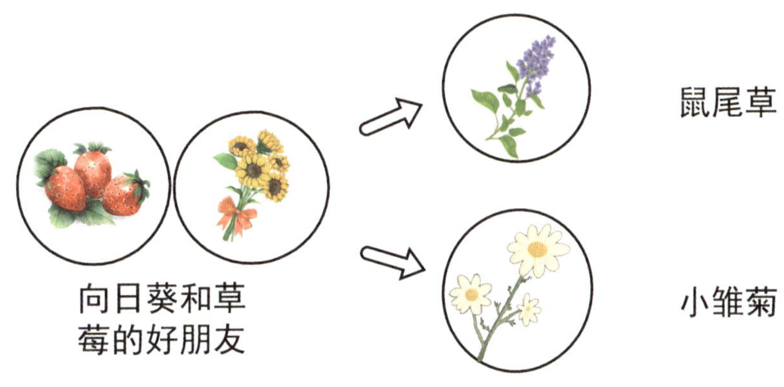

投票选择的植物

（二）一米菜园分格种植。

确定好种植的植物，接下来就是种植规划了。种植可不是一门小学问，如何确定植株之间的距离，保证不同植物的健康生长也是在种植之前需要解决的一大问题。

于是教师启发引导："这么多的好朋友要怎么种呢？全部都种在一起吗？"

有了前期调查的经验，幼儿马上提出对植物进行分格种植："要先给它们分好各自的家。""然后要把这些植物都种到它们的家里，一种植物住在一个家中。"

按照幼儿的计划，要先对种植筐进行测量。用什么来测量呢？幼儿从家里、木工坊里找来了卷尺、软尺、直尺等。他们发现直尺太短了，卷尺和软尺比较长，测量起来比较方便。

通过用卷尺和软尺测量，幼儿发现种植筐长是 200 厘米，宽是 80 厘米。

接下来要怎么分呢？分成几个格子呢？幼儿有不同的看法。

承应：分成 4 个格子！

昕昕：那太少啦！我们要分成 8 个格子，这样才能种更多的植物！

对于昕昕的说法，大家都很赞同。

教师：那 8 个格子要怎么分呢？每个格子要多大呢？

芊依：每个格子都要一样大！要平均分！

测量种植筐

将种植筐分隔

教师：那可以怎么分呢？

歆艺：我也不知道该怎么分了。不然我们直接去试一试吧！

几个幼儿拿着麻绳，蹲在种植筐旁边，想要给种植筐隔出几个格子来。他们先是用麻绳直接在土里围出了几个框的形状；觉得不太合适，又将麻绳拉直，尝试用两条麻绳搭出几个框。

翰飞：分不出一样大的格子呀！

这个时候，煜博将一条麻绳卡在种植箱的接缝处。

煜博：你们看，这个筐的边上有这个黑黑的，像屋顶一样的小方块。这些小方块连起来，就像是一个个的小格子一样！我觉得我们把绳子绑在这上面就可以啦！

真是一个好主意！按照这样的规划，幼儿很快就将我们的种植筐划分好了。数一数一共有 10 个格子，每一个格子就是一种植物的家。

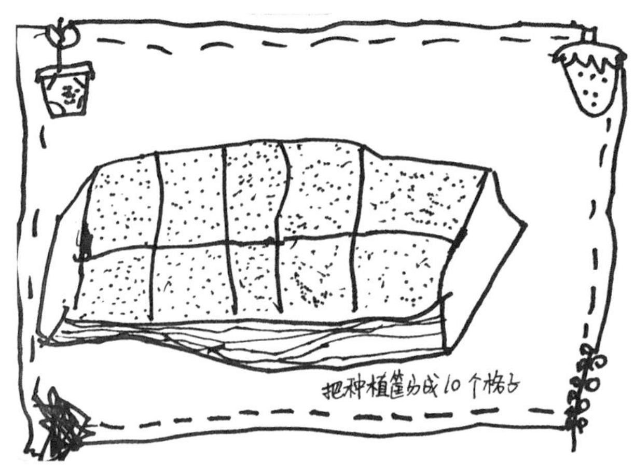

幼儿的记录

有了上学期失败的经验，幼儿提出这一次的种植要移植小苗到自然角，如果继续使用种子可能种不出植物。

歆艺：我们同样的小苗要给它种在同一个家里。

翰飞：向日葵可以长得很大，我们有两棵向日葵，要是种在一起会很挤！

昕昕：那我们就可以把它种在两个格子里，让它们有两个家，这样就不会很挤啦。

还有多出来的两个格子要种什么呢？煜博向大家强烈推荐了洋桔梗，这种花朵长得跟玫瑰花很像，而且也不是向日葵和草莓的坏朋友，是可以种在一起的。

听了他的推荐，幼儿最后决定剩下的两个格子就种洋桔梗，并购入了相应的植物小苗。幼儿认真地分辨着不同的植物小苗，将它们分类种植在了筐中，静静地等待着它们的长大。

观察幼苗

播种植物

教师反思：

日本学者佐伯胖提出，幼儿是抱着自己内在的课题而行动的，真正的学习只有在自己发现了问题时才会发生。教育活动也应该是基于每一名幼儿的兴趣与愿望而展开的主体性活动。在愿望萌发的同时，幼儿也产生了实现愿望的动力，这也是这次活动的动力源泉。每一位幼儿都是自然角的主人，都有自己设计自然角的权利。当教师将这样的权利交还他们手中时，可以发现幼儿的想法是天马行空的，是多彩多样的。教师利用餐后的时间与幼儿闲聊，倾听他们的想法，引导幼儿回家调查想要种植的植物。由于调查问卷的分享与基础课程——语言活动《我最喜欢的植物》的目标趋同，均是鼓励幼儿大胆表达，让幼儿想说敢说喜欢说，因此教师调整原定内容，组织开展种植分享会，努力为幼儿的深度学习创设条件，保护和满足幼儿在问题指引下积极主动地探索欲望。

故事二：花园拱门

（一）确定搭建位置。

安排好种植筐后，幼儿想要给这个种植筐搭建一个攀爬架。基于幼儿的这个愿望，教师和幼儿展开了一场讨论——要搭建什么样的攀爬架?

承应：我想要在筐子旁边搭一个攀爬架，让植物可以爬上去。

芊依：我想要搭一个拱门，让花朵爬满。

歆艺：我们要能从这个架子下面穿过去。

芷扬：拱门还可以安一个门，放学后就可以把门关起来。

泓林：两边还可以搭出围栏，这样门关起来的时候，其他的幼儿就不会跑进去了。

经过一番讨论后，他们明确了自己的想法——想要搭建一个爬满了花朵的拱门，幼儿可以从拱门中穿过去。

攀爬架设计图　　方形攀爬架设计图

那这样的拱门要搭建在什么地方呢?

束昕：可以把拱门搭在围栏这里。

泓林：不行不行，搭在这里我们就没办法穿过去了。

皓宇：可以搭在种植筐旁边的墙上。

若涵：种植筐旁边的墙上也没办法穿过去。

子轩：可以搭在后门的地方。

翰飞：搭在后门太挤啦！我们一出门不就撞上去了？

昱翔：那我们可以搭在进入小阳台的那个入口的地方。

教师：搭在入口处可能会挡住我们的阳光。

宸睿：那我们可以搭在入口拐弯的地方。

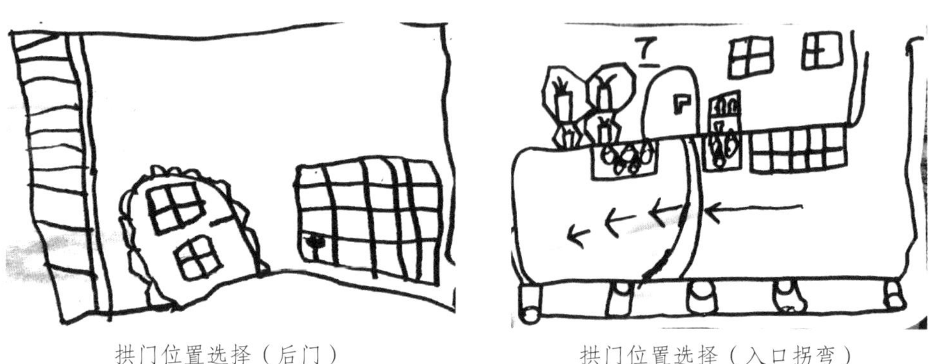

拱门位置选择（后门）　　拱门位置选择（入口拐弯）

芊依：这个地方好，搭在这里既不会挡住阳光，我们也可以从门这里穿过去！

芷扬：穿过去之后就是班级的自然角，我们还种了许多的花儿，这样看起来就像一座小小的花园！

束昕：就和我们家四楼的空中花园一样！

梓谦：那我们的自然角也是空中花园啦！

幼儿在讨论的过程中，不仅确定了搭建的场所，也给自然角取了一个好听的名字——"空中花园"。

（二）测量场地确定想要搭建的拱门的尺寸。

幼儿的设计图能否实现？教师又应当给予什么样的支架支持幼儿的活动探索？教师不仅分析幼儿已有的经验——木工坊中的操作探索、资料搜索过程中的攀爬架搭建视频等，还在此基础之上，根据大班幼儿科学领域学习与发展的核心经验，投放了《小海狸做木工》《我的万能工具箱》等绘本，丰富幼儿的制作经验。

教师：我们要搭多大的拱门呢？

嘉乐：搭很大很大的！

歆艺：也不能太大，得阳台放得下！

昕文：那像阳台一样宽就好啦！

教师：那你们要搭多高的呢？

俊桦用手比了一下，举到比他脑袋高一点的地方："就这么高就好啦！"

煜博：那老师不就过不去啦！

俊桦：那像老师那么高就好了！

教师：这么多老师，跟哪个老师一样高好呢？

皓宇：像翰诚老师那么高，翰诚老师一定是最高的！

子媛：对，这样其他老师也能够通过。

子轩：那如果来了一个比翰诚老师还要高的老师怎么办？那他不是过不去啦？

教师：那我们可以怎么做呢？

昕文：可以跟我们教室的门一样高吧，老师和我们都可以穿过去。

提出了解决办法后，幼儿开始根据场地进行实地测量，并现场设计搭建的设计图。

拱门大小测量

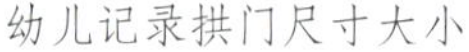
幼儿记录拱门尺寸大小

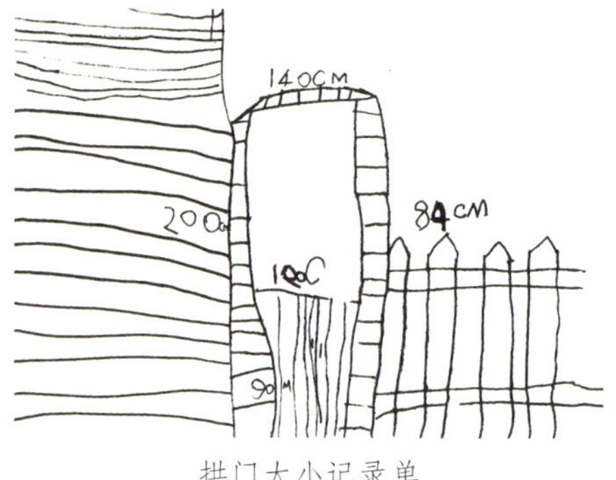

拱门大小记录单

（三）寻找搭建材料。

教师：我们搭建的材料要从哪来呢？

钰宸：我们可以在幼儿园里找一找。

煜博：我们也可以去问一下保安叔叔。

向保安叔叔咨询

幼儿带着这个问题询问保安叔叔，保安叔叔告诉幼儿，幼儿园里已经没有多余的木头啦。

那该怎么办呢？雨晴小朋友想到了个好办法。

雨晴：那我们问问园长老师，看看能不能买点木头。

教师：那我们该怎么跟园长老师说呢？

希婕：我们就跟园长老师说，我们想要买一点木头，用来搭建我们的拱门。

于是在他们的商量下，幼儿绘制了一份购买申请书，向园长老师申请购买需要的木头。

购买申请书

向园长老师介绍申请书

在幼儿的介绍下，园长老师充分了解了幼儿的设计方案以及采购需求后，肯定了幼儿的想法。

（四）搬运清洗木材。

有了园长老师的大力支持，师幼立刻采购了搭建所需的木头。等到木头到货后，幼儿来到楼下一起将木头从一楼运至三楼。

搬运木头

由于是幼儿自主自发的行为，教师并没有制止他们，而是在保证安全的前提下，支持幼儿尝试，并给予鼓励。

打开包装后，幼儿发现木头上有灰，觉得有些脏。

子轩：这块木头颜色有点不太一样。

雨晴：我刚才摸到木头了，上面有灰，脏脏的！

郑乐：不然我们把木头洗一洗吧！洗洗就不脏了。

教师支持幼儿的想法，让幼儿自主选择清洗工具，对木头进行清洗晾晒。

清洗木头

晾晒木头

（五）开始搭建拱门。

需要的木头都已经到齐了，那该怎么搭建拱门呢？需要什么工具呢？幼儿先是回家调查了所需要的工具，然后一起到木工坊挑选需要用的工具。

煜博：我们拿几个防护眼镜吧！

承应：手套在这，手套要多拿一点！

希婕：锯子也不能少，要多拿几把。

彦霖：还有螺丝钉也要拿一些。

幼儿搜集好所需要的工具，带回班级，同时还向保安叔叔借用了电动螺丝刀！

教师支持幼儿的兴趣及愿望，支持幼儿打磨木头、切割木头。但幼儿遇到了新问题。

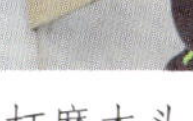

打磨木头

切割木头

将木头组装在一起

俊桦：这个螺丝也太难拧了吧！

俊桦手里拿着一把螺丝刀，用力地将螺丝拧紧。

边上的子媛也点头应和："对啊，还是电动螺丝刀比较好用，不用这么费力气。"幼儿都有使用电动螺丝刀的经验，对比下，发现还是电动螺丝刀安装速度更快。

冠霖：可是我们的电动螺丝刀没电了，要等它充满电了才能继续使用呀。

幼儿一边说着，一边用螺丝刀将门上的螺丝拧紧，然后搬到图纸上指定的位置，再用绳子等将其固定。

至此，空中花园全面落成。幼儿感觉特别地兴奋，觉得自然角终于有小花园的感觉。幼儿还在几种爬藤植物中挑选了蓝雪花，种植在木门两旁，然后利用绿色扭扭棒，将蓝雪花的枝条缠绕在拱门上，随着蓝雪花的生长，期待着有一天，它的藤蔓能够爬满支架，变成美丽的花藤拱门。

除此之外，为了让空中花园更加名副其实，幼儿每日都在小花园中观察照顾花园里的动植物，静静感受植物生长、绽放的美好，享受着照顾动植物的愉悦……

空中花园拱门

空中花园中的向日葵

教师反思：

罗杰斯认为：“越是儿童不熟悉、不需要的内容，儿童学习的依赖性、被动性就会越大。只有当儿童觉察到学习内容与他自己有关时，才会全身心投入，有意义学习才会发生。”幼儿在搭建拱门的过程中，以工程思维开展活动，积极思考、勇于尝试，在遇到问题时，能够自主地进行解决。在确定拱门位置这一环节中，同伴间互相介绍自己的想法及发现，他们经过分析、判断、说明他人方案的可取和不可取之处，在这个过程中协商选择适宜的方案，培养了批判性思维。

故事三：竹片引水

（一）小鱼和乌龟养在哪里呢？

花园拱门建好了，下一步幼儿要安顿小动物们了。饲养区除了有小鹦鹉，还有乌龟和小金鱼。之前幼儿尝试把小动物们养在轮胎里，但发现了很多问题。

书鹏：我们的小鱼和小乌龟太多了，它们待在轮胎里面太挤了。乌龟们都挤在小角落里，游都游不动。应该给它们换一个大一点的地方。

小语：养在轮胎里面换水很麻烦，而且每次里面的水都换不干净，隔天就又脏了。

小鱼和乌龟们要养在哪里呢？幼儿开始想这个问题。他们数了一下，目前一共有 9 条小鱼，8 只乌龟。宇童提出："我们可能需要建一个池塘。"其他幼儿纷纷表示赞成。

轮胎里小鱼和乌龟的家

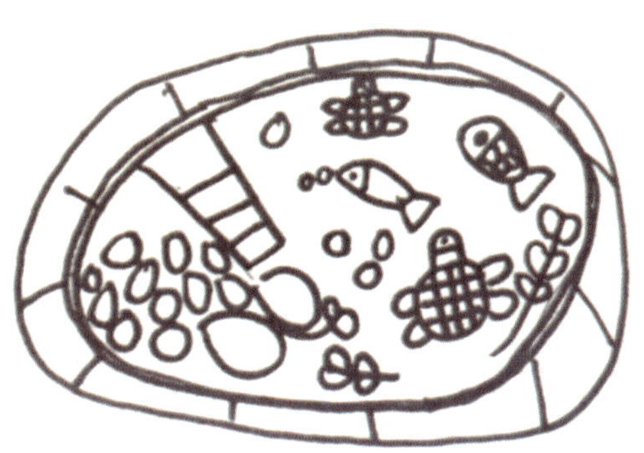

发现问题：小鱼和乌龟住的地方太挤了

教师反思：

自然角的饲养区一直都是幼儿很喜欢的地方。他们喜欢在这里观察小鱼是不是在游泳，小乌龟有没有在睡觉……每天都是幼儿在帮助小鱼和小乌龟们换水。一开始，教师以为幼儿会像之前那样，继续把小鱼和乌龟养在轮胎里，没想到幼儿不仅发现小乌龟经常因为没地方游泳躲在轮胎的边上一动不动，还发现了轮胎里的水换不干净，水很快就变得浑浊等问题。倾听幼儿，是一场奇妙的旅程。在倾听中，教师能够理解幼儿的需求和心情，还能够了解到需要给予他们什么样的支持和帮助。这不仅仅是发现问题，更是解决问题的方式。既然幼儿提出了搭建小池塘的想法，那么下一步就是支持幼儿行动起来。

（二）搭建小池塘。

在商讨确定了搭建的位置后，幼儿开始去找寻搭建池塘的材料。搜寻过幼儿园的各个角落，最后他们决定用沙池的砖块来搭建小池塘。

禹含看着这些砖块说：“我觉得这些砖块看上去有点旧旧的，用它们来做小池塘一点都不好看。”

陈沫回答道：“那我们就给这些砖头涂上好看的颜色呗！”

于是幼儿行动起来，先给砖块涂色，然后再进行搭建，最后他们在芭蕉水池边找到了很多漂亮的鹅卵石进行装饰。经过大家的努力，小池塘完成了！

给砖头涂上颜色

初步搭建小池塘

铺上防水塑料膜

小池塘搭建完成

（三）怎么给小池塘换水呢?

小池塘搭建好了，幼儿又继续想换水的问题了。一开始，幼儿提出可以用杯子或者盆把池塘里的脏水舀出来，再加入干净的水。

教师：小池塘要多久换一次水呢？谁来负责换水？

梓阳：我觉得最好是天天换水，因为小鱼和乌龟的便便有点多，水很容易脏。可以由值日班长负责。

万谦：可是天天换水，不是太浪费了吗？

瑞霖：那我们可以把这些水装到种植区浇花呀，反正我们天天都要浇花。

幼儿觉得这个想法不错，隔天就行动起来，用各种工具将池塘里的水装到种植区浇花。但是，幼儿又发现了新的问题。这样不仅工作量很大，而且会弄得整个地板都是水。有没有更好的办法来给池塘换水呢？

在共同讨论下，幼儿觉得可以搭建一个像花花菜地一样的竹片引水系统，只要轻轻一按按钮，就可以把小池塘里的水引到种植区，再给池塘里加入干净的水。这样不仅解决了换水麻烦的问题，还可以二次利用池塘里的水。

池塘竹片引水设计

教师反思：

《幼儿园教育指导纲要》中指出：在幼儿生活经验的基础上，帮助幼儿了解自然、环境与人类生活的关系。从身边的小事入手，培养初步的环保意识和行为。在倾听幼儿的对话中，教师可以感受到他们在与自然角接触的过程中，自然而然地具备了一定的环保意识，会提出每天给池塘换水会造成水资源浪费的想法。那水能二次用到哪里去呢？怎么用呢？幼儿也有自己的思考，并且懂得迁移已有的经验，把菜地的竹片引水运用到自然角。

（四）搭建竹片引水。

幼儿先在幼儿园内寻找适合制作的竹竿，接着将竹竿锯成适合的长度，然后将一根根的竹竿组装起来，形成一个支架。因为竹竿的长度比较长，在这个过程中需要教师提供帮助，最后，把一段段的竹片绑在做好的竹竿支架上面。在竹片安装之前，幼儿还先对竹片进行打磨，用锉刀把竹片上的竹节磨平。杨玥说："竹片的这个竹节会让水流得很慢，把它磨平了，水就能很快流下来了。"竹片打磨完成后，几个力气大的男生负责在每个竹片上都进行钻孔，最后将钻好孔的竹片捆绑在架子上。

寻找合适的竹竿

打磨竹节

给竹片钻孔

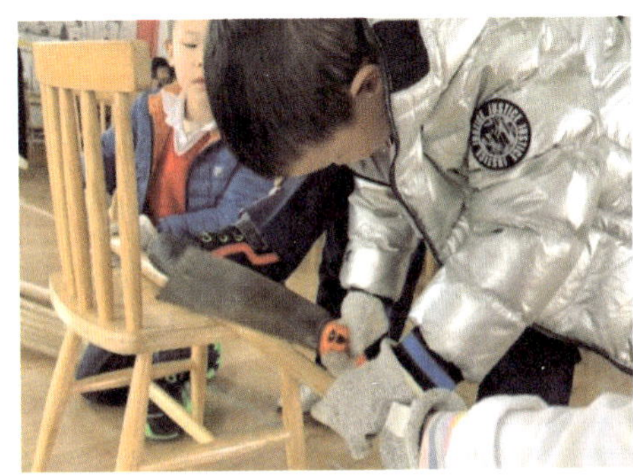

把竹竿锯成适合的长度

连接竹竿制作架子

竹片引水制作完成

教师反思：

锉刀、磨砂纸、钻孔机……这些新奇的工具幼儿第一次接触到，身为教师的我又何尝不是第一次接触呢？幼儿天生好学，好奇心强，总想对感兴趣的事物摸一摸、玩一玩、做一做，还会提出种种问题，表现出他们渴望认识周围世界和学习科学的需要。教师这时就需要给幼儿提供足够的材料，让幼儿动手操作起来。

教师感悟：

陶行知先生曾说：“生活教育就是在生活中受教育，教育在种种生活中进行。”只有在生活中的教育，才是自然的教育，也是符合幼儿天性的教育。

空中花园的建设，从幼儿小小的一个愿望，到最后的落成，也给教师带来了深深的震撼。这整个过程，不仅仅是幼儿探究的过程，更是教师学习的过程。幼儿在一步步的探究中，了解周围的世界，掌握如何使用工具，实现愿望。无论幼儿的想象多么不可思议，教师都始终认可、接纳、鼓励。因为梦想与愿望从来不会缺少，真正缺少的是追寻梦想实现愿望的勇气。幼儿在一步步探索的过程中，也在一步步地实现愿望。

教师在这个过程中，学会如何倾听、如何放手，学会信任幼儿，学会将探究方向的权力完全交还在幼儿手中，正如在活动过程中，幼儿选择将整个木头包裹运送至班级，再进行拆分清洗，而不是就地拆分；选择使用电动工具而不是传统的手动工具。所以，教师应当在保证幼儿安全的前提下，给予幼儿充分的自由自主，鼓励幼儿将自己的想法实现。

（供稿人：陈婉欣　傅欣怡）

三、超级公园设计师

扫码观看视频

故事缘起:

活动缘起于一个突如其来的好消息，幼儿园旁边有一块空地将批复给幼儿园使用。得知这一喜讯，幼儿欣喜万分，不仅对神秘的空地充满好奇与兴趣，更期待着它能成为小朋友们自主设计的游戏天堂——超级公园!

基于此，立足“儿童视角”，和幼儿一同来到现场，在真实的情景中感受，在自然的场域中探索发现、大胆畅想；邀请幼儿参与到幼儿园的环境建设中，倾听幼儿的创意与愿望。通过“探秘——设计——展示”，与幼儿共创一个充满“儿童性”、彰显“儿童感”的幼儿园环境，努力将“儿童友好城市”的理念落实到课程实践中。

幼儿园外的空地

故事一：探秘超级公园

（一）超级公园是什么样的？

"这块新的地在哪里？""它是什么样子的？""我们可以把那边变成'超级公园'吗？"幼儿对批复给幼儿园的新空地充满探究的欲望，迫不及待地想到现场一探究竟！

满怀期待的幼儿来到空地是既兴奋又好奇，可同时也生发了新的问题。

煊煊：这不会是野人住的地方吧！他们就喜欢生活在树多的地方！

浩浩：这里有好多的草，跟我之前去露营的地方有点像。

诗灵：我感觉这里好乱呀！到处都是杂草。

曾宸：对啊！那些草都比我们小朋友还要高了呢！

韵馨：这样我们怎么把这里变成超级公园呢？

是呀！杂草丛生的地方要怎么变成幼儿心目中的"超级公园"呢？幼儿开动脑筋：博文提出可以请清洁工叔叔来帮忙，因为他们经常在马路上打扫，很有经验；均楷认为请农夫用割草机来清理速度最快；洛菱觉得还需要大力士来帮忙，不然怎么搬得动这么多杂草呢？而此时煊煊小朋友惊喜地说道："可以给解放军叔叔写封信，请他们来帮忙！"班级的其他小朋友听到这个提议时都沸腾了！是啊，解放军叔叔的力气大，还不怕困难呢！可是他们应该很忙吧，他们会愿意来帮助我们吗？

教师反思：

生发课程，离不开对身边资源的唤醒。当幼儿亲临现场发现空地杂草丛生进而提出请解放军叔叔来帮忙清理的想法时，教师陷入沉思。该支持幼儿的想法吗？该如何支持？于是，教师对该活动开展的价值性、必要性和可行性进行审议。通过审议发现，邀请解放军叔叔来帮忙不仅能够拓宽幼儿的视野，满足幼儿清理空地建设超级公园的需要，我们的社区也有可利用的人力资源，那何不"唤醒"资源，支持幼儿？

幼儿给解放军叔叔写信

（二）邀请解放军叔叔一起清理超级公园。

在和解放军叔叔们取得联系后，他们欣然答应了幼儿的请求。为了迎接解放军叔叔们的到来，幼儿绘制了邀请函，准备了热烈的欢迎仪式。一切准备就绪，解放军叔叔也如约而至！欢迎仪式上，幼儿不仅用歌声和舞蹈欢迎解放军叔叔们的到来，还为解放军叔叔们献上了美好的祝福！

随后，解放军叔叔们带来了除草工具准备开始帮忙清理杂草丛生的空地了。看着解放军叔叔们挥汗如雨，幼儿满是感激与激动，更想为解放军叔叔们做点什么！有的用相机记录下解放军叔叔们的飒爽英姿，有的为解放军叔叔们加油助威，有的与解放军叔叔们对话，有的想为解放军叔叔们制作美味的披萨感谢他们的鼎力相助。

教师反思：

解放军叔叔的到来不仅帮助幼儿解决了清理空地杂草的难题，在观察解放军叔叔们除草、与他们对话的同时，幼儿更是感受到解放军叔叔们坚韧、勇敢、吃苦耐劳等良好品质，萌发感恩与敬佩之情。

欢迎解放军叔叔的到来

解放军叔叔清理空地

幼儿制作爱心便当

将爱心便当送给解放军叔叔

故事二：设计超级公园

（一）在这块地上玩什么？

在解放军叔叔们的大力支持下，这块地一改原来杂草丛生的模样，变得开阔了许多。可幼儿觉得这儿空空当当的一点儿也不像超级公园，那么在这块地上可以玩些什么呢？

我们举办了一场超级公园分享会，鼓励幼儿把自己觉得最好玩的、最有意思的游乐园和大家分享。

芮仪：我想在公园的一侧设计一个水上滑滑梯，小朋友们可以穿泳衣在里面玩，冬天冷的时候把它换成温泉，就可以继续玩耍啦！

佳佳：我分享的游乐园里有旋转木马、跳来跳去的蹦蹦床、像海一样的海洋球馆，还有我最喜欢的摩天轮。如果小朋友们玩累了，还可以有一个休息的凉亭，可以在里面凉快凉快！

伊祎：我觉得如果在这里设计一个滑滑梯，小朋友们会很喜欢，还要有可以锻炼身体的手指城堡和攀爬架，真的很好玩。我还喜欢跷跷板，因为我喜欢飞起来的感觉，荡秋千也有这种飞翔的感觉。

布布：这是我去过的游乐园，有充气城堡、水族馆，还有刺激的“冲锋号”过山车，如果我们的超级公园也能有这些就好了！

韵馨：我希望我们的超级公园有一个小动物园，里面养着小松鼠、小金鱼、小兔子、小乌龟，还有羊咩咩！

……

分享会上，各式各样有趣的公园映入眼帘。有沉浸式探秘海洋的海洋王国，有可以自由嬉戏的儿童乐园，有自然风光的森林氧吧，还有各式各样的主题乐园。分享会后，幼儿不仅大胆表达、领略了世界各地童趣乐园的风貌，更是绘制出了心目中超级公园的模样。

正当大家津津有味地畅想着空地的设计规划时，吴宪说：“其实我觉得这块地不仅是我们大二班小朋友的，而是我们整个幼儿园的，我们不能只考虑我们班想玩什么，还要听听其他小朋友的意见呀！”

吴宪的话引来了幼儿更加热烈的讨论：

“是呀，我们小班的时候哥哥姐姐们也常来帮助我们，现在我们也要考虑弟弟妹妹们的想法。”

“说不定其他班的小朋友会有更多好主意呢！”

“他们知道我们幼儿园多了一块空地吗？他们会知道怎么设计吗？”

“幼儿园有那么多小朋友，我们哪有办法都知道他们想玩什么？”

教师反思：

倾听幼儿是洞察幼儿真实想法的重要途径之一。超级公园分享会上，幼儿想说、敢说，与同伴分享自己的所见所闻与天马行空的想象创造。正当幼儿还沉浸在对超级公园的无限畅想时，亦有幼儿闪耀着关怀他人的光芒提出应当倾听更多人的想法，令人欣喜不已！“关心”是一种关系、一种品质，更是一种能力。设计幼儿园的空地是一件大事儿，教师应该听取每个幼儿的意见，尊重每个幼儿的设计想法，让“我们感”浸润在幼儿园环境的点滴之中。

超级公园分享会

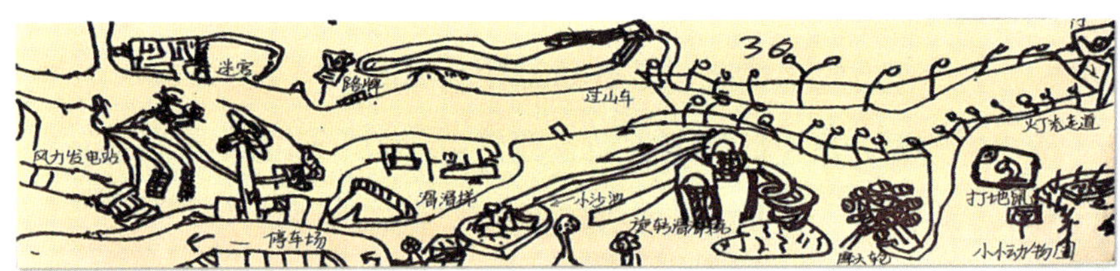

关于超级公园的初步设想

（二）怎么了解其他小朋友的想法？

可是要怎么了解其他小朋友的想法呢？我们一起召开了儿童会议。

问题一：我们该如何了解其他小朋友关于这块空地的想法？

韦蓉：我们可以去他们班级采访，问一问他们想在空地做什么。

吴宪：小班的弟弟妹妹们还比较小，如果我们去采访他们的话，他们可能会说不出来，不然我们选几个让他们来投票吧。

柏晟：我们如果一个班一个班去采访有点麻烦，中班的弟弟妹妹已经长大了，我们可以给他们发调查表，等他们写完了再给我们就可以了。

楷楷：我妈妈都是用手机来统计的，我们也可以用手机来统计。

问题二：怎么让其他小朋友知道我们的来意？

奕煊：万一他们不知道我们是去做什么的怎么办？

妹妹：我们想知道他们想要在空地上建什么，但是他们如果不明白我们的意思怎么办？

梓涵：我们可以做宣传海报啊，把我们的想法画下来！

奕煊：我想要用唱歌的方式，我们可以把想对小朋友们说的话，编唱成歌嘛！

问题三：我们去其他班级还需要注意什么？

吴宪：我们可以先跟他们的老师约好！不然我们去他们班时他们不在怎么办？

洛菱：如果他们在忙的话，我们可以换一个班。

紫惟：我们去他们班级的时候要轻轻地，要有礼貌。

倪倪：我们还可以带一些贴贴纸去送给弟弟妹妹们，谢谢他们。

在儿童会议中，幼儿初步拟定了调查方案（大班——采访，中班——发放调查表，小班——投票），并进一步协商执行方案所需的准备。说做就做，幼儿分成了采访组、调查表组、投票组和宣传组分头行动。

教师与幼儿一起创编海洋班之歌

调查组幼儿出动

采访并记录小朋友关于空地的想法

带着投票箱到小班

（三）怎么统计小朋友们的意见？

一切准备就绪，幼儿分组出发到各个班级收集全园幼儿的想法，很快他们收集到了全园幼儿的想法。

但同时他们也遇到了新的难题，原来是调查后生成了将近两百多张的记录表，如何整理归纳？如何统计？除此之外，每个班的幼儿想法各异，可空地的大小是有限的，没办法采纳所有人的想法，又该如何取舍？

基于以上问题，幼儿是这么说的——

韦蓉：统计就是把一样的玩具、物品放在一样的格子里，再来数一下它们有多少。

吴宪：可以把投票和统计结合在一起，这样更好用。比如说喜欢滑滑梯的举手，然后再来数一数。

子睿：我们就一个班选一个，这样就有 12 个了。如果把 12 个全部集结在一起，就变成一个超级好玩的游乐园了，大家一定会喜欢的！

有了初步的统计思路，幼儿着手开始统计了。幼儿两两组队尝试用自己的方式“统计”，可捣鼓了将近 20 分钟，也没有得出最终的统计结果。紫惟这组采取的是一人记录一人数的方式，但是由于调查表中呈现的游乐设施较多，出现了漏数、重复数等问题；羽童这组的幼儿在记录时仅仅呈现的是零散的数字，并未将图与数相对应；各组分别统计，组与组之间缺乏沟通与联系，无法准确统计出班级幼儿关于空地设计的想法。

教师反思：

从幼儿的对话与第一次的统计中，可以看出幼儿不仅基本掌握数量概念，亦能够按照调查表中游乐设施的不同特征进行分类，但对于如何利用简单的图表来整理数据以及通过图表对数据进行量的比较等，经验还较为缺乏。基于此，教师开展了生活化集体教学活动“最受欢迎的游乐设施”帮助孩子搭建起数与量之间直观的对应关系，促进幼儿思维的灵活性和灵敏性，提升了幼儿的统计经验。

初次统计的幼儿遇到了许多问题

集体教学活动“最受欢迎的游乐设施”

故事三：展示超级公园

在掌握了统计的方法之后，幼儿通力合作很快就把 12 个班小朋友最喜欢的游乐设施统计出来了。可是面对一张张的统计表，孩子们遇到了新的难题：如何将 12 个班小朋友的想法集合在一起呢？

嘉煜说：“像我们的建构设计图一样，可以画一张大大的超级公园设计图！”

祥晞认为如果用画画的方式没办法看到这个游乐设施背后和旁边是什么

样子，还不如在建构游戏时直接把我们的超级公园搭出来。

这时奕煊站起来说："我在罗宾森有见过那种卖房子的模型，还会发光，可漂亮了！我们也可以做一个超级公园的模型吧！"

吴宪说："我在玩具店里见过各种各样的模型，有船的，有房子的，还有飞机的。我觉得模型比较好，因为用画的感觉有点不立体，而且到时候我们在空地上建的也是立体的，而不是平平的。"

说做就做，巧手的幼儿不仅用图画、建构的方式把超级乐园展现出来，还回家和爸爸妈妈们一起制作了超级公园的模型，对超级公园的设计有了更加细致、具体的呈现，让一个个充满童真又富有想象的设计跃然而出、栩栩如生！

活动的最后，幼儿提出可以布置一个超级公园艺术展让我们的作品被更多人知晓，一起实现对超级公园的美好期待。基于此，教师再一次把自主权交给幼儿，与幼儿共同筹备一场属于他们的超级公园艺术展，鼓励幼儿在小组中学习分工与合作，体会与同伴合作完成任务的成就感与自豪感，满足其自我效能感与幸福感。

在超级公园艺术展中，幼儿不仅把这份特别的礼物送给弟弟妹妹们，请他们帮忙继续关心这块地，还跟亲爱的园长老师介绍了我们的超级公园，告诉她心中美好的愿望与期待，为故事画上圆满的句号！

幼儿制作超级公园模型

超级公园艺术展

向园长老师介绍超级公园

教师感悟：

幼儿园是幼儿的快乐天地，它理应洋溢着童真童趣，展现出对幼儿深深的敬意、信任和接纳。教师始终秉持着“儿童友好”的理念，邀请幼儿参与并听取他们关于幼儿园环境建设的声音，追随并满足幼儿的兴趣需要生发课程，使幼儿获得“我们的意见也重要”的存在感、“我的环境我做主”的掌控感。

活动中，教师灵活采用小组、集体、个别的活动组织形式，在真实的生活中发现幼儿、思考幼儿在活动中所表现出来的具体兴趣、愿望及困惑，盘活资源、精准发力，在激发幼儿前书写兴趣、拓展幼儿统计经验的同时，为幼儿树立吃苦耐劳、坚毅顽强的榜样，满足幼儿主动地、个性化的学习与探究的需求，切实地提高了幼儿感知世界、关怀他人、合作创造的能力。

活动后续，教师也将继续和幼儿就“超级公园”的可行性展开讨论，在尊重幼儿诗性畅想的同时建立理性思维，让幼儿园不再只是静态的课程资源，而是与幼儿共生、共长、共创，有着深刻情感链接的“超级公园”！

附：小设计师们设计的“超级公园”

欢迎大家来到我们的超级公园艺术展！

为什么会有这个展览呢？因为我们幼儿园旁边多了一块空地，我们请了解放军叔叔帮我们清理了这块空地，统计了 12 个班小朋友想要在这块空地上玩什么。最后我们还把这些奇思妙想变成了设计图，还做了超级公园的小模型呢！我们一起来看一看吧！

超级公园模型

再一起看看下面的超级公园设计图。

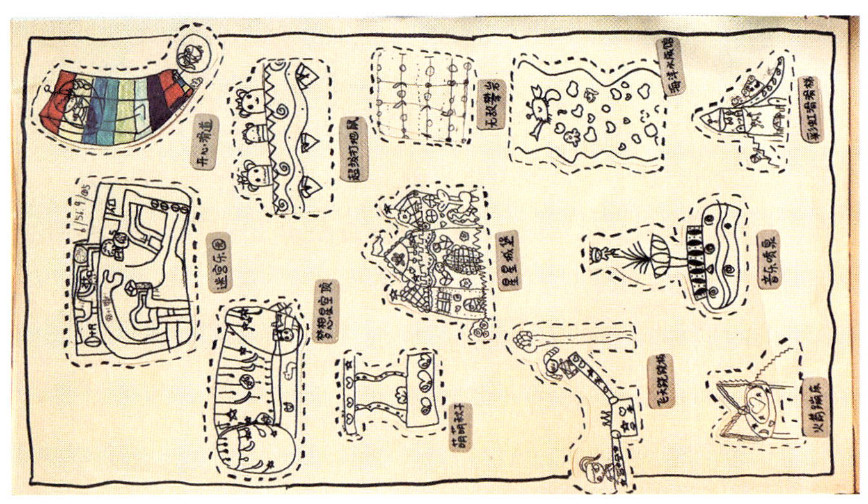

超级公园设计图

左下角的这个是梦想星空顶，我们可以在里面看到浩瀚的宇宙和美丽星空。

接下来我们看到它右边的是萌萌秋千，小朋友们可以在那边荡来荡去。

最右边的是火箭蹦床，它可以弹得非常非常高，像坐火箭一样送你到星空。

你看它的上面是一个音乐喷泉，它不仅可以喷出水花，还可以发出好听的音乐呢！

在右上角是彩虹滑梯，我们可以钻滚筒，还能滑下来。

左边的是海洋水族馆，是海洋班的小朋友选出来的，我们可以在海洋水族馆看到很多种的小鱼，探秘海洋。

再左边的是无敌攀岩，你可以爬得像珠穆朗玛峰一样高。

再往旁边走是超级打地鼠，这个很适合小班的弟弟妹妹们玩呀！

左上角的开心滑道，可以让你滑 100 米远，超级刺激。

在开心滑道和星空顶中间的是迷宫乐园，你需要动脑筋想一想怎么穿越迷宫。

最后在最中间这个是星星城堡，在这里小朋友们可以感受到无限的快乐和美好！

希望我们的超级公园能实现，让莲云幼儿园的每个小朋友都能在这里快乐游戏，幸福成长！

（供稿人：吴毅婷）

四、紫荆树下的小天地

扫码观看视频

故事缘起：

清晨，幼儿园彩虹小路上，紫荆花花瓣散落一地……幼儿漫步在彩虹小路上，被星星点点的紫色吸引了目光。玥欣拾起一片花瓣喃喃自语：“这是哪里飘落下来的花瓣呀？”“植物小百科”多多马上走过去说：“我知道，东坪山上到处都是这种树，我妈妈告诉过我，这是紫荆树。”其他幼儿纷纷跑过来，围着大树吃惊地讨论着：“啊？紫荆树？这不是跟我们方老师的名字一样吗？”“对啊，还跟我们王子衿的名字一样呢”这棵曾经不起眼的大树，因为跟教师和幼儿有了相同的名字而瞬间被吸引，幼儿对这棵神秘紫色花的树充满了好奇。紫荆树下会发生什么有趣的故事呢？

幼儿园的紫荆树

彩虹小路上的紫荆树

故事一：瞧！幼儿园的紫荆树

（一）神秘的紫荆树。

从树牌上了解到，原来这位树朋友名叫洋紫荆，也叫红花羊蹄甲，为豆科植物紫荆，通常栽培在向阳的地方。幼儿漫步在开满紫荆花的彩虹小路上，认真观察幼儿园里的紫荆树。

多多：它的花瓣摸上去软软的，闻起来有一点点香。

芷晨：紫荆花有 5 片花瓣。

子充：这一条条白白的像只章鱼，这是什么东西呀？

高铭：难道是紫荆花的胡须吗？

宇廷：这应该是它的种子吧。

钰涵还发现它的叶子很特别，像爱心，也有的小朋友说像蝴蝶。

这时玺哥好奇地问："现在不是春天，为什么紫荆树还会开花呢？"

羽昕回忆说："我们上次来探秘小树的时候好像还没开花呢。"

筱兮激动地问了一连串的问题："那紫荆树会结果子吗？结的果是怎么样的？它能吃吗？"

细心的幼儿发现彩虹小路前面有两棵树的叶子和紫荆树的叶子是一样的，但是前面两棵树却没有开花，它们也是紫荆树吗？

幼儿记录下自己的问题，并绘制了思维导图。分享的时候，幼儿交流了自己的问题：紫荆树的花期、紫荆树皮怎么制药、紫荆树的种子什么样、为什么有些紫荆树没开花……

回家后，幼儿邀请家长一起调查紫荆花的秘密，第二天来园分享。

雅南：我知道紫荆花有 4 片花瓣都是粉色的，中间的一片花瓣像铺了红色的地毯，跟另外 4 片花瓣的颜色不一样。

子充：我外婆告诉我中间细细长长的是花蕊。

熠然：我奶奶说紫荆花还能制作花茶呢！

家玺：爸爸告诉我羊蹄甲的种类很多，如果品种不一样，那么它们的花期也不一样。

还有幼儿带来了紫荆花的结构分解图，向大家介绍紫荆花的花蕊、花柱、花瓣、花萼等知识。分享会上，幼儿对紫荆花有了更多的认识。

小朋友收集紫荆花花瓣

闻一闻有淡淡的香味

小朋友在玩"花瓣雨"游戏

小朋友在观察紫荆树的叶子

发现紫荆花的花蕊

收集花瓣的快乐

（二）紫荆花花瓣如何保存？

一天，幼儿发现美工区自然盒子里的紫荆花花瓣坏掉了。三四个幼儿急匆匆地跑过来说：“丘老师，紫荆花都发黑了，还有一股难闻的味道。”

筱兮：哎呀，花瓣都发臭了。

子衿：好黏啊，紫荆花坏掉了。

乐凡：这些花瓣不好看了。

子淇：我希望它一直都像之前那么漂亮。

丘老师：那如何让花瓣保存得久一点呢？

玥欣：我妈妈每天都会把新鲜的蔬菜放进冰箱，她告诉我这样蔬菜就不会坏掉了，要不我们也把紫荆花放进冰箱冻住吧，或许这样它就能保存久一点啦。

雅南：可以把紫荆花做成书签，它就可以永远待在我喜欢的书本里了。

幼儿七嘴八舌地讨论着能留住紫荆花的方法，并逐一尝试，愿望能成功吗？

方案一：冰冻紫荆花

幼儿利用收集来的塑料小盒，小心翼翼地将紫荆花和水放进去，放好之后慢慢地放进冰箱冷冻，第二天从冰箱拿出来，幼儿激动地跳跃起来，纷纷赞美道：“哇！太美了，花瓣没有变黑耶，还是紫色的。”

方案二：紫荆花书签

幼儿来到教师办公室，找到过塑机，认真地学习使用过塑机的步骤，有模有样地将紫荆花花瓣放进塑封袋里，再放入过塑机中进行塑封。

方案三：鲜花干燥剂

幼儿把鲜花放入有干燥剂的瓶子里，发现原来使用干燥剂保存干花的方法是最快最好的。

方案四：敲染紫荆花

师幼在调查中了解到植物"敲拓染"可以将紫荆花的花瓣颜色留住，于是幼儿将剩余的花瓣进行敲染拓印。

教师反思：

幼儿园拥有丰富的自然资源，不仅赋予生命无限可能，也为幼儿创设了得天独厚的探索环境。活动中，教师敏锐察觉"紫荆花"与班级教师姓名读音相同而萌发的兴趣，进而引导幼儿在不断地观察、比较、发现、探索紫荆花的过程中拓展对紫荆花的认识，对紫荆花的情感也在不断加深。这是一种美好的巧合，更是教育中的宝贵契机。幼儿期望将紫荆花花瓣留存下来，通过不同的方式去探索发现，更是用心呵护与保存这份美好的最佳彰显。

制作冰冻花

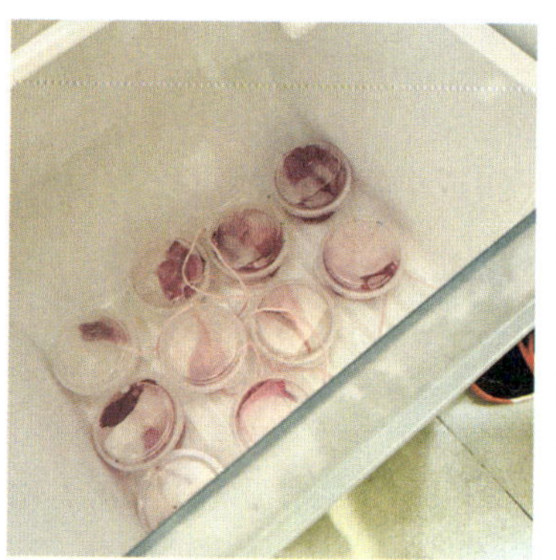
把装好水和花瓣的小盒子放入冰箱

制作好的冰冻花

把花瓣放平再压一压

小朋友一起制作书签

制作好的紫荆花书签

把紫荆花放入瓶子里

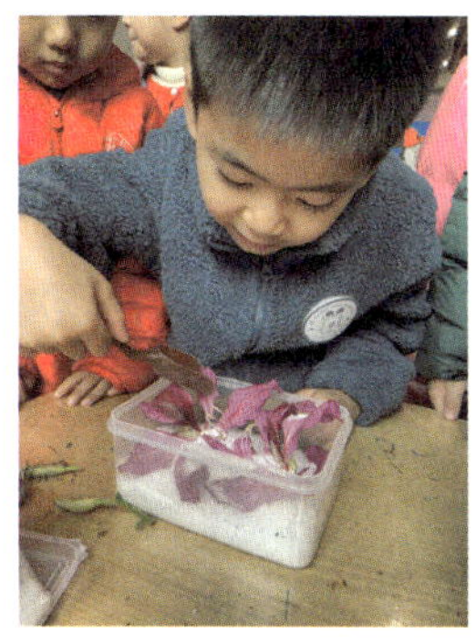
加入干燥剂

做好干花

植物敲拓染

留住紫荆花的颜色

留住了自然最美的颜色

故事二：紫荆树下的茶话会

一天午后，教师泡了一杯菊花茶，幼儿充满好奇地围过来。予舞问：“老师，你水杯里的是什么呀？”绎安说：“这里面好像是一朵花。”乐乐激动地说：“我知道，这是菊花茶，我妈妈也经常泡菊花茶给我喝。”许多幼儿异口同声地说：“我也喝过菊花茶。”幼儿被我泡的一杯花茶“迷”住了，展开了关于花茶的讨论。

教师：你们还喝过什么花茶？

雅南：我喝过桂花茶，还吃过桂花糕呢。

玥欣：我上火的时候妈妈会给我喝金银花茶。

家玺：我妈妈点过一杯玫瑰花奶茶，我喝了好几口，太好喝了。

多多：老师，你不是说紫荆花可以做花茶吗？那你有喝过紫荆花茶吗？

教师摇摇头：没有呢。

多多：那我明天叫妈妈带一包紫荆花茶给你，我们泡一包一起尝一尝怎么样？

多多的建议得到了大家的支持，幼儿迫不及待地说："我也好想尝一尝。"高铭说："大家都想喝，那要不我们来开个茶话会吧！元旦的时候，我奶奶就带我去参加了小区的茶话会。"好几个幼儿不解地问道："什么是茶话会呀？""茶话会可以泡紫荆花茶吗？"幼儿对茶话会这一话题产生了浓厚的兴趣，于是展开了热烈的讨论。

（一）什么是"茶话会"？

多多：我知道"茶话会"，我妈妈上班的地方就有泡茶的会议室。

芷晨：茶话会可以喝茶吗？

高铭：奶奶带我去参加元旦茶话会，就是可以边泡茶边吃零食呢。

教师通过晨谈活动，结合视频、图片，帮助幼儿了解什么是"茶话会"。

子淇：原来"茶话会"就是一群人围坐着然后喝茶聊天。

钰涵：桌上还有好多好吃的东西呀，橘子、花生、薯片……

玥欣：这个真的好有趣啊，我真想在幼儿园里开一次"茶话会"。

高明：丘老师，我们能在幼儿园开茶话会吗？

基于幼儿的兴趣，教师支持并满足幼儿的心愿，茶话会的筹备开始了……

（二）在哪里举办茶话会？

在哪里举办茶话会呢？幼儿纷纷表达自己的想法。

雅南：可以在操场开茶话会，因为操场很大。

子充：可以在花园农场，那里有爱心草坪。

熠然马上反驳：可是花园农场有臭味，小鸡拉的粑粑实在太难闻了。

家玺：要不在小山坡吧，那里有两套树洞桌椅。

启铭：树洞桌椅太小了，怎么坐得下所有的小朋友呢？

子衿：我有个好主意，我们去音乐厨房吧，那里还有好多紫荆树。

这个提议得到幼儿的认同。幼儿一致认为那里宽敞，有桌子，有木屋，最重要的是还有一片开着花的紫荆树，幼儿可以围坐在紫荆树下边泡茶边赏紫荆花，好惬意。

（三）茶话会需要准备什么？

茶话会该准备些什么呢？幼儿记录下自己的想法并和伙伴分享。

高铭：茶话会肯定需要茶，可以用紫荆花来泡茶。

羽晞：泡茶需要准备茶杯茶壶。

多多：还要准备很多好吃的小零食。

玥欣：还可以准备一些水果。

伯皓：我家里还有帐篷，我可以把帐篷带来。

子淇：我可以准备一些好看的绘本，跟我的好朋友一起看书。

第二天早上，幼儿纷纷把自己想要的和喜欢的材料带到了幼儿园。

（四）茶话会上你想做什么？

看着幼儿为茶话会用心准备的材料，教师组织幼儿进行了幸福漫聊。

教师：在茶话会上你想做什么呢？

子淇：我想和好朋友一起喝茶聊天。

羽昕：我想做一次服务员，帮大家倒茶。

宇廷：我想在紫荆花树下一边喝茶，一边玩玩具。

钰涵：我喝完茶后，想要和我的好朋友一起看绘本。

多多：我想吃很多很多零食，然后渴了就喝一口紫荆花茶。

玥欣：我想在紫荆花树下画画。

在幸福漫聊中，茶话会要准备的材料也慢慢地“出炉”：玩具、绘本、户外涂鸦、甜点、水果和小零食，还要拿着茶具来一次围炉煮茶。

（五）布置温馨的茶话会。

一切准备就绪，要布置茶话会了。芷晨和几名小伙伴一起把材料搬到了音乐厨房，铺上了野餐垫，搭起了帐篷，还准备了一筐图书和一筐玩具。子淇、高明等和教师一起挂起了他们在区域制作的"围炉煮茶"背景装饰布，自然物装饰音乐厨房的背景挂布也都摆放在三角树屋的铁栏杆上。羽晞、家玺向厨房阿姨借来保鲜膜，和生活老师一起利用保鲜膜在两棵紫荆树上拉上几圈固定，这样就可以在紫荆树下涂鸦啦。茶话会的氛围感简直棒极了。子充和熙融还搬来了音乐区的非洲鼓、移动音响等道具，师幼一同把茶杯茶壶、水果甜点和小零食摆放好，顿时一个温馨有烟火气且有趣的茶话会小天地呈现在眼前。

教师反思：

茶话会的意义对于幼儿来说不仅仅是泡茶、品茗，更是一场心灵的盛宴、幼儿主体的彰显。在探索"在哪里举办茶话会""茶话会需要准备什么""你想在茶话会上做什么""布置温馨的茶话会"等活动中，幼儿通过观察、思考、交流，感受着大自然的韵律，体验着生活的美好。在布置茶话会环境的过程中，幼儿化身为环境的小主人，为自己向往的"茶话会"献计献策，用实际行动创设属于他们的温馨又有趣的小天地，用灵巧的小手和创意的思维，将这片天地装点得如诗如画。让每一个角落都充满了诗意和温情，使参与者感受到了冬季里的暖意。

幼儿记录：茶话会要准备什么材料

幼儿搬运准备的物品

把准备材料放入音乐厨房

幼儿铺野餐垫

把玩具、图书、非洲鼓都放进了野餐垫

幼儿提供的茶杯、茶具

幼儿带来的小零食

紫荆树下保鲜膜画

茶话会环境

故事三：紫荆树下的欢乐时光

幼儿围坐在一起，品尝着自己的劳动成果，和伙伴们谈论今天的趣事，煮茶闻茶香，静享悠闲时光。幼儿静心感受紫荆树下这片温馨且有趣的小天地，享受着初冬的丝丝暖意。在轻松的音乐烘托下，幼儿拉近了彼此的距离。

此刻，一切都化为温馨……

（一）欢喜小围炉。

与自然四季相亲，与人间烟火相安，与同伴煮茶欢愉，喝一杯温暖的紫荆花茶，吃一口香甜软糯的茶点，幸福极了。

雅南：老师，快来尝一尝我们泡的紫荆花茶，有淡淡的紫荆花的香味，好喝极了。

羽晞：老师老师，这是我带来的饼干，请你品尝下噢。

多多：哇，紫荆花茶好好喝呀，实在太美味了。

（二）玩具乐翻天。

幼儿从家里带来自己喜欢的玩具，有电动的，有拖拉的，有手推的，有遥控的，大大小小、品种繁多。幼儿三个一堆，五个一群，玩得不亦乐乎。有的幼儿在一旁跟着音乐敲打非洲鼓，有的幼儿用贝壳、小石子、紫荆花花瓣等变成丰盛的“美食”，玩起了最喜欢的角色游戏。

（三）艺术创想家。

紫荆树下，幼儿其乐融融地并肩作画，你一言我一语，手里的画笔飞快地挥舞着。子淇说：“我要画上我的好朋友，和我的好朋友一起玩游戏。”玥欣说：“我要涂上我最喜欢的粉色，这样我就可以看见粉色的莲云幼儿园了。”……紫荆树下的神奇魔法，让幼儿在艺术创作中感受到自然的美与快乐。

教师反思：

生活即课程，每一次活动都是一次重要的教育契机。茶话会活动，激发幼儿在活动中养兴趣、在发现问题中享乐趣、在尝试解决问题中创情趣，它给幼儿带来挑战、带来想象、带来专注、带来快乐、带来经验。对幼儿来说，这不仅仅是在幼儿园里的一次新体验，而是让教育真正从幼儿的生活中来，并真实地走向幼儿的生活，这无疑是一次珍贵的体验，更是幼儿幸福的童年回忆。

幼儿泡紫荆花茶

幼儿品花茶

幼儿在紫荆树下画画

幼儿在紫荆树下看书

幼儿在紫荆树下玩玩具

幼儿在玩非洲鼓

幼儿在茶话会上品尝美食

幼儿分享小零食

幼儿在茶话会上自制的“美食”

幼儿玩自然小游戏

教师感悟：

1. 因时因地教育，探秘自然魅力

适时性教育是一种教育方式，更是教师可抓取并加以有效利用的宝贵教育契机。《幼儿园教育指导纲要（试行）》中指出，引导幼儿对身边常见事物和现象的特点、变化规律产生兴趣和探究的欲望。在活动中，教师依据时节所提供的自然条件，带领幼儿探秘紫荆树，创造思考，了解了紫荆花的秘密，真正做到因时而教，因势引导。

2. 慢享自然四季，乐享童年生活

经验源于生活，教育就好比一场精心准备的茶话会，是慢的艺术，等待的艺术，也是一个很有趣的过程。为了让幼儿感受与自然四季相亲，与人间烟火相传，与同伴煮茶欢愉，乐享童年生活，让每一场活动都成为一次重要的教育契机，为幼儿的童年生活提供珍贵的生活体验。幼儿不仅获得了关于“茶话会”的经验，还培养了感知大自然中美好事物的能力。

（供稿人：丘　婧　方紫荆）

五、我们的花园农场

扫码观看视频

故事缘起：

为了拓宽幼儿的户外活动空间，暑期里幼儿园建造了一个充满了浪漫与诗意的游戏乐园——花园农场。这里是幼儿探索和游乐的天地，幼儿对这片花园农场充满好奇，师幼发起了一场花园农场共建计划。花园农场最适合养什么动物呢？幼儿纷纷出主意：煊煊提议养小狗，欣语想养羊驼或小白兔，可凡主张养绵羊，柏凯则分享了回老家时看到的小鸡。幼儿被小鸡的故事深深吸引，希望能养小鸡。养小鸡不仅是一件乐趣无穷的事，更能让花园农场生机勃勃。就在幼儿选择养小鸡的同时，也引发了一个新的问题：应该如何迎接即将到来的小鸡呢？幼儿的想象力再次被点燃，迫不及待地想要迎接这个新挑战。

暑期建造的花园农场

故事一：花园农场创想记

（一）小鸡是怎么生活的？

幼儿在高兴地探讨养小鸡时，乔乔突然提出一个疑问：“我们要养小鸡，可是我们都不知道小鸡平常是怎么生活的，怎么能照顾好小鸡呢？”

甜心：对啊，小鸡喜欢吃什么，喜欢玩什么，喜欢什么样的地方？我们一点都不清楚，这怎么行？

霓轩：我们可以请教郭老师，她的百宝箱里有很多的书籍，一定能帮助我们找到答案。

幼儿迅速行动起来。他们找到了保管室的郭老师并向她表达了想了解小鸡生活习性的愿望，郭老师了解后表示非常乐意提供帮助，她从百宝库里拿出许多关于小鸡的绘本。幼儿从绘本中获取了许多关于养小鸡的经验，还知道不同种类的小鸡有不同的特点和习性。有的小鸡羽毛鲜艳，有的小鸡嗓音甜美，还有的小鸡拥有神奇的超能力！真是太有趣了！

幼儿分享对农场的畅想

与同伴分享家中的小鸡

（二）给小鸡搭建什么样的“家”？

绘本里的小鸡都有自己的“房子”遮风挡雨，好不惬意！那么，即将来到花园农场的小鸡宝宝们，它们需要个什么样的“房子”呢？

有的幼儿认为，小鸡需要一个充满乐趣的“房子”，这样它们在休息的时候可以享受到快乐；有的幼儿认为，小鸡需要一个安全舒适的“房子”，这样可以保护它们免受外界环境的伤害。

既然每个人都有不同的想法，那就拿起画笔，比一比谁设计的小鸡“房子”最有创意！小小设计师们迅速行动起来，并分享了自己的设计图。

梓炀：我设计的小鸡“房子”里种着许多小花，还有一个攀爬的地方。

语菲：这是一个三角形的“房子”，这里有一个跑道，它们可以进行跑步比赛。

铭家：小鸡的“房子”里有马桶、沙发，外面种上小鸡喜欢吃的草莓。

霓轩：我设计的小鸡“房子”里面有楼梯，还有吃饭喝水的地方，当然还要有暖气。

楷晨：这是一座房车造型的“房子”，后面是鸡屎收集器。

……

最终，结合幼儿的智慧和创意，设计出了一个既安全又充满乐趣的“房子”——“星星汽车房”。

教师反思：

幼儿对小鸡的生活方式和需求表现出了浓厚的兴趣和深刻的思考，这不仅反映了他们对生命的好奇和尊重，还体现了他们在问题解决和创意思考方面的能力。幼儿对小鸡生活习性的探索过程让教师认识到，兴趣是最好的老师。他们通过阅读绘本获得信息，这种方式比传统的讲授更能吸引他们的注意力，使他们能够主动学习和探索。

在设计小鸡“房子”的活动中，每个幼儿都能提出自己独特的设计方案。

这不仅展示了幼儿丰富的想象力，也体现了他们对小鸡幸福生活的深切关怀。从梓炀的“攀爬地方”到铭家的“草莓种植”，每一个设计都反映出幼儿对小鸡需要的深刻理解和关心。这个过程让教师更加坚信，提供给幼儿一个自由探索和创造的空间，是帮助他们成长和发展的关键。

幼儿通过绘本了解小鸡的生活

楷晨设计的房车造型的鸡舍

语菲设计的带有跑道的三角形房子

星星汽车房设计图

故事二：鸡舍建造进行时

（一）小鸡的“家”要建在哪里?

幼儿带着“星星汽车房”的设计图，充满期待地踏入了花园农场。他们手持标注签和调查表，准备在这块浪漫与诗意的画布上寻找完美的搭建地。

幼儿穿梭在花园农场的每一个角落，仔细地观察、讨论，并记录下每个可能的位置。他们希望找到一个既能保证小鸡们健康成长，又能方便观赏的理想地。

调查结束后，幼儿围坐在草地上，每个人都迫不及待地分享自己的想法。

才顺：我觉得小鸡的“家”要建在大树旁，这样夏天大树可以为小鸡遮挡太阳。

小邱：对，但是我们也要考虑到冬天，需要有足够的阳光。

孙蔚：你们忘记绘本书上看到的吗？小鸡需要有足够的活动空间，不能让它们太拥挤，小山丘后面草地我觉得很不错。

……

孙蔚的提议得到幼儿的认同，他们最终决定将小鸡的“家”建在花园农场中段的草地上。这个位置不仅有足够的空间供小鸡们自由活动，而且由于位于中段，其他班的幼儿无论从哪个方向都能轻松地发现并观赏到这群可爱的小鸡。

（二）怎么搭建小鸡的“家”？

确定了搭建地点后，该用什么材料搭建小鸡的“家”呢？幼儿决定去木工坊看看。

澎澎：我觉得应该选择这把锯子，它看起来更锋利，可以让我们更容易切割木材。

树宝拿起一把又重又大的铁锤：你们觉得这个锤子如何？

灿宝：哥哥，我们选择木锤和橡胶锤吧，它们更轻还不容易受伤。

秦羽：你们看这边有好多不一样的螺丝，我们应该选哪个？

挑选好工具后幼儿整装待发。然而，当他们满怀信心地来到楼下，面对着一堆堆木材，顿时有些手足无措。如何将设计图纸上的“星星汽车房”变成真的？幼儿感到前所未有的挑战。

卓恒：之前老师带我们参观的树屋不就是保安叔叔帮忙一起搭建的吗？不然我们也找保安叔叔来帮助我们吧！

幼儿频频点头，赞成这一提议。

在保安叔叔的指导下，幼儿开始了建造之旅。他们学会了使用卷尺测量，并根据设计图纸的要求在木材上做标记。接着，幼儿在保安叔叔的帮助下安全地使用锯子锯木材，确保每一块木板都符合所需的尺寸和形状。在搬运重型木材和材料时，幼儿学习了如何分工合作。有的幼儿负责搬运木材，有的幼儿帮助测量和标记。

终于，“星星汽车房”完工了，幼儿欢呼雀跃。

教师反思：

在挑选鸡舍的位置时，幼儿能考虑到自然条件和小鸡的需求；在挑选和使用工具搭建鸡舍时，幼儿体现了对环境的关注和对小鸡的关爱。面对挑战，幼儿没有放弃，寻求经验丰富的保安叔叔帮忙，在建造过程中，学会使用工具、学会正确的测量方法、学会分工合作，更体验到成功的喜悦。

幼儿在花园农场实地考察

插标注签

整装待发

挑选板材

测量板材长度

切割板材

固定鸡舍框架

固定房顶

加固门框

打磨边框

故事三：鸡舍来了新朋友

（一）怎么迎接新朋友？

鸡舍建造好了，小鸡们即将“入住”了，幼儿既好奇又兴奋，热烈地讨论着该如何庆祝这个特别的日子。

君宇：我们得想些特别的活动庆祝小鸡的到来。

艺煊：要不，我们给小鸡过个生日吧！

泽君：我们还可以在小鸡的“家”旁边放烟花。

甜心：我们直接开个派对吧，多热闹啊！

乔乔：太好了！派对上还可以唱歌跳舞，让小鸡也感受一下我们的快乐。

欣语：我要在派对上给小鸡准备一份神秘大礼物！

恩宁：开派对要布置得漂亮一些，给鸡舍装上会亮的彩灯和气球。

……

幼儿都觉得开派对是个好主意，迫不及待地想举行一场热闹的欢迎仪式。区域游戏时间，幼儿在美工区制作手工小礼物，在表演区筹备演出的节目，还从家中带来了许多装饰的材料。

很快，迎接小鸡的日子到了。这天早上，幼儿穿着漂亮的衣服，早早地来到幼儿园，分工布置派对。有的幼儿给气球打气，有的幼儿挂彩灯，有的幼儿调试音乐，忙得不亦乐乎。

终于，7 只小鸡乘坐着农场叔叔的大货车来到了幼儿园。幼儿高兴极了，播放欢快的音乐一起唱歌舞蹈，时不时逗逗小鸡，和小鸡分享自己制作的手工礼物……小鸡们在欢快的氛围中似乎感受到幼儿的热情，也慢慢适应着包裹爱意的新"家"。

小鸡入住新房子

幼儿照顾小鸡

（二）怎么让小鸡们"住得"更舒服？

国庆后天气转凉。幼儿开始担心天气越来越冷，小鸡在新"家"里会不会着凉？他们住得舒服吗？小鸡在冬天是怎么保暖的？我们可以为它们做些什么？

铭家：要不我们给小鸡买一床被子，这样它们晚上睡觉就不会冷了。

卓恒：小鸡不会盖被子，要不还是给它们穿上衣服，就像家里的宠物一样。

子恬：小鸡有翅膀，穿衣服会很难受的。

启航：要不我们把鸡舍用砖头围起来，这样风就吹不进去了。

泽程：我不同意，这样小鸡就晒不到太阳了，我们也看不见它。

这段讨论迟迟没有结果，幼儿得不到一个满意的解决办法。于是，教师提议：“大家可以先回家咨询有饲养过小鸡的爷爷奶奶或爸爸妈妈，了解小鸡在冬天是怎么保暖的，该怎么布置小鸡的‘家’才能让小鸡住得更舒服。”

周末幼儿回到老家，采访饲养过小鸡的爷爷奶奶，他们了解到可以使用稻草或干草作为垫子来给小鸡保暖，还可以在鸡舍周围设置防风屏障来避免冷风的直接冲击。于是，幼儿和家长到山上收集了许多干草，带来幼儿园铺在小鸡的“家”中，希望将小鸡的“家”布置成暖和的草房子。同时，幼儿迁移搭建鸡舍的经验，使用卷尺测量鸡舍的屋顶，记录下屋顶的尺寸，还从郭老师的材料保管室找来透明软薄膜进行裁剪，在上面装饰出好看的图案，为鸡舍制作了合适、美观的挡风篷，这样一来小鸡就可以抵御寒冷的冬天了。

教师反思：

喜欢动物是每个幼儿的天性，动物是幼儿成长过程中的亲密伙伴。为迎接小鸡们的到来，幼儿出谋划策，分工合作为小鸡布置派对，在庆祝中不仅体验到团结合作的力量，更感受到小鸡住进他们精心打造的“大别墅”带来的自豪与喜悦。这份纯真和善良，为小鸡带来了安全与温暖，更让幼儿在潜移默化中学会了关爱与责任。

幼儿记录：怎么迎接新朋友

举办欢迎小鸡派对

幼儿在老家收集材料给小鸡制作草房子

测量、记录鸡舍屋顶的尺寸

裁剪、制作挡风篷

完成挡风篷后的合影

故事四：星星鸡舍守护者

（一）母鸡总把水打翻该怎么办？

自从小鸡入住新"家"后，花园农场每天都热闹非凡。幼儿给小鸡喂食，与小鸡互动，见证小鸡的成长……在喂养小鸡的过程中，幼儿发现了新问题：每次用碗给小鸡装水的时候，它们都喝得很着急，不一会儿碗里的水就没了。小鸡为什么这么口渴？还是它们太爱喝水？幼儿观察后发现，原来不是小鸡把水喝光了，而是把水打翻了！充满爱心的小甜心提出："水洒到外面，没水喝小鸡们会很渴的。"幼儿想设计一个不容易被打翻又有创意的饮水器。

柏凯：我设计了污水箱和净水器，还设计了两条管道，一条是干净的水道，另一条是过滤杂质的水道，这样就能确保小鸡喝到干净的水源。

雨菲：我设计了一个巨大的蓄水箱，这里可以存放很多很多的水。还有两条管道，一条管道是引水给小鸡喝水，另一条是流向洗澡区，小鸡可以在那里洗澡。

秦羽：我设计了一个超大的瓶子，瓶子的上面有一个进水口，瓶子的中间连接了一条水管，是可以出水的，小鸡在这里喝水。

子恬：我设计的是爱心形状的水箱，水箱的最上面有一个进水口，水箱的左边和右边连接了两条水管是出水口，这样 7 只小鸡就不用抢水喝了。

乔乔：我设计了一个瓶子水箱，用铁盒当接水器，瓶子可以拆下来装水，装满水再接到接水器上，水从瓶子流到接水器上，小鸡就可以喝水了。

语菲：我设计了两个蓄水箱，一个大的，一个小的，小的水箱刚好够小鸡一天喝的水量，大的水箱可以存放很多天的水量，这样我们周末放假也不用担心小鸡没水喝了。

……

幼儿选定了乔乔的设计图。说做就做，幼儿从家里带来大可乐瓶和装月饼的铁盒，到木工坊拿了锯子、电钻、螺丝钉等工具，开始动手施工。首先是用螺丝钉把可乐瓶盖和铁盒固定在一起，然后在大可乐瓶口五厘米处用电钻打两个小孔作为出水口，最后在铁盒底部钉上木板加固承重，使铁盒可以承受装满水的大可乐瓶的重量。有了前期搭建鸡舍的经验，幼儿很快就完成了饮水器的制作，这下再也不用担心小鸡把水打翻了！

（二）鸡舍臭烘烘的怎么办？

过了一段时间，教师发现幼儿渐渐不爱去花园农场了。原来幼儿觉得鸡舍太臭，还常常收到其他班幼儿的“投诉”。鸡舍为什么会臭臭的？臭烘烘的鸡舍该怎么清理呢？围绕这些问题师幼展开了讨论，并提出了三种好办法。

办法一：鸡舍大扫除

霓轩：我们应该洗一洗小鸡的“家”了，就像家里需要拖地一样！

教师：清洗鸡舍需要哪些工具？

甜心：清洗需要用到水，所以需要一根长长的水管。

雨桐：还要用刷子，用力地刷一刷才会干净。

禾沐：如果有一些干硬的便便，可以用铲子把它铲掉。

凯晨：如果有些便便掉到草地上了，就用扫把扫干净。

一一：还需要抹布，擦一擦脏脏的地方。

灿宝：要准备一些防护工具，比如手套，免得清洗的时候碰到便便。

卓恒：还要有雨鞋、围裙、口罩，这样能防止我们在打扫鸡舍的时候弄脏弄湿自己。

教师：工具有了，鸡舍该怎么清洗呢？

霓轩：把小鸡赶到草地上，几个小朋友把房子里的木地板拉出来，抬到清洗区旁边洗一洗。

甜心：抬木地板至少需要四个小朋友，一人抬一角才行。

禾沐：还要有两个小朋友用刷子刷，不然一个人太累了。

凯晨：要留下两个小朋友处理那些干硬的便便或是扫掉落在鸡舍周围的便便。

雨桐：在清洗之前我们要先戴好口罩、手套，穿上围裙和雨鞋。

甜心：需要这么多人呀！那就由每天的值日生负责清洗鸡舍吧。

最终幼儿一致决定由每天的值日生负责这项清洗工作。幼儿设计了初步的清洗流程图，找来水管、刷子、铲子、扫把、抹布等清洗工具，还有口罩、手套、雨鞋、围裙等防护工具，穿戴整齐，准备就绪，开启鸡舍大扫除。

办法二：自制空气清新剂

即使幼儿每天都在清洗鸡舍，但是臭味仍然存在，这可怎么办？

泽程：是不是鸡舍周围的空气被污染了？

霓轩：我们给鸡舍喷一喷空气清新剂吧。

雨菲：空气清新剂会不会伤害小鸡？

甜心：那我们可以自己做没有毒、不会伤害小鸡的空气清新剂啊！

可是空气清新剂要怎么做呢？需要哪些材料？幼儿和家长一起调查空气清新剂的制作方法，寻找可以保留香味的植物、果皮。

通过调查，幼儿发现：桂花、艾草、茶叶、橘皮、柚子皮、柠檬这些植物或果皮的香味不仅好闻还能去味。幼儿将这些留香物品收集到幼儿园，一起观看从网络上下载的视频，学习制作空气清新剂的方法，最终成功制作了六种不同气味的空气清新剂，并喷洒到鸡舍的周围。

办法三：处理鸡粪好办法

鸡舍清洗了，空气清新剂也喷洒了，可还是有臭味，这是为什么？臭味从哪里来？幼儿百思不得其解，着急地寻找着臭味的根源，最终发现：原来是小鸡把便便拉在了草地上，原本绿油油的草地变得黑黑的臭臭的。要怎么把草地上的鸡粪清理掉呢？

启航：我们可以用高压水枪把鸡粪冲掉。

乔乔：可是污水会不会流得到处都是？

泽程：那就用铲子铲掉。

可凡：可以把鸡粪铲到花花菜地堆肥箱里进行发酵，这些都是很好的肥料！

甜心：鸡粪铲掉之后都是泥土，小鸡该怎么活动？

禾沐妈妈在饲养小动物方面特别有经验，她告诉幼儿谷壳和发酵菌可以稀释鸡粪中的臭味。于是幼儿请来了热情能干的保安叔叔帮助一起将草地上的鸡粪铲掉，再将谷壳和发酵菌撒到泥土里，用铁锹和砖块压平整，最后把鸡粪放到菜地的堆肥箱中进行发酵。鸡舍终于不臭了！

解决了鸡舍臭烘烘的问题之后，花园农场又重新热闹起来。幼儿还将角色游戏的地点搬到鸡舍，玩起了农场主的游戏。幼儿在鸡舍旁边搭起了帐篷，摆起小摊卖小吃，互相邀约一起喂小鸡、和小鸡做游戏……

教师反思：

设计饮水器活动中，幼儿的想象力与创造力如泉水般涌动，令人叹为观止。他们将知识经验巧妙迁移，为小鸡打造了一款独具匠心的饮水器，赋予了小鸡们更为舒适的生活环境。在清理鸡舍之时，幼儿不仅解决了鸡舍臭烘烘的问题，还把鸡粪放入堆肥箱发酵。这些不仅激发起幼儿探索、感悟人与自然之间的生态和谐，更让幼儿在劳动中感受到成就感与责任感。

幼儿记录：饮水器设计图

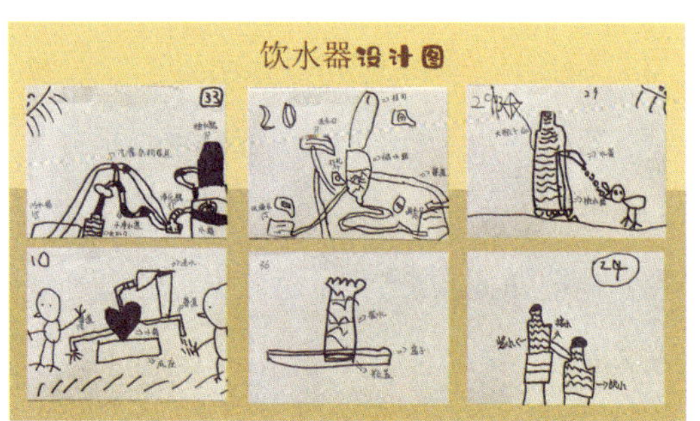

制作小鸡饮水器

小鸡饮水器完成

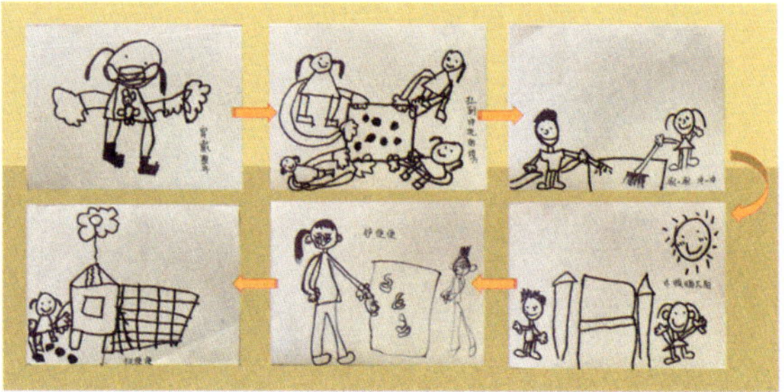

设计清洗鸡舍流程图

清洗鸡舍的木地板

制作空气清新剂

带着空气清新剂喷洒鸡舍

保安叔叔清理鸡粪

用铁锹把谷壳压平整

将鸡粪放到堆肥箱里发酵

教师感悟：

面对幼儿园新改造的环境“花园农场”，幼儿产生了浓厚的兴趣，并萌发出在这里养小鸡、搭鸡舍的愿望，畅想着与小鸡共度欢乐时光的场景。教师倾听幼儿天马行空的想象，支持幼儿共同创造属于自己的“有意思”的小乐园。

建造鸡舍前，幼儿通过查找各种书籍、资料，了解小鸡的生长环境和生存方式，丰富经验；建造鸡舍中，幼儿实地考察场地、挑选材料和工具、测量尺寸、切割裁剪，为小鸡建造舒适的“家”；建造鸡舍后，幼儿精心照料小鸡的生活，管理鸡舍周围环境，对环境的改变做出调整，与环境进行“互动式”的交流。幼儿用行动向我们展示他们有能力成为环境的主人。

“星星汽车房”不仅是幼儿搭建的小鸡舍，更是一个被爱包裹的“家”。这里承载着幼儿对小鸡的爱，更是对自己成长的期许。幼儿通过自己的努力，获得新经验，同时也学会理解和尊重环境、珍惜和关爱生命。

（供稿人：谢　萍　魏思源　吴毅婷）

六、自然角里的音乐鱼池

扫码观看视频

故事缘起：

新的学期，幼儿从小班升到中班，发现最喜欢的自然角变得更大了。新的自然角要怎么创设？要饲养什么小动物？幼儿纷纷提出了自己的想法，有的说要养小鸡，有的说要养小蝴蝶，还有的说要养小鸟。源成说他还想继续养小鱼！对于养小鱼，幼儿都有一定的经验，于是他的想法得到了大家的支持，幼儿都想在自然角里给小鱼造一座漂亮的鱼池。

故事一：搭建鱼池

（一）搭建什么样的新鱼池?

既然要养小鱼，一定要有一个养小鱼的地方。那么小鱼要养在哪里呢?针对这个问题，幼儿纷纷提出了自己的想法。

源成：可以把小鱼养在鱼缸里!

教师：可是幼儿园没有鱼缸呀!

玄妙：我们之前是把小鱼养在轮胎里的！我们还可以继续把小鱼养在轮胎里呀！（玄妙说的是之前小班的时候，利用轮胎给小鱼做了一个家。）

靖泓：那我们再用轮胎给小鱼做个家吧!

正好自然角中有轮胎，幼儿便提议用自然角的轮胎给小鱼做一个“家”。这个想法得到了幼儿的一致认可。他们将带来的小鱼都先放到了自然角的轮胎中。

观察小鱼的时候，洋锐突然喊了一句:“哎呀，你挤到我了。”

奕棠：老师，我也想要看小鱼，但是人太多了，我看不到。

洋锐：老师，小鱼的家太小了，我都看不到小鱼了。

教师：那该怎么办呢?

俊皓：我们做一个大鱼池吧！可以让更多的小朋友看到小鱼。

教师：你们想造一个什么样的鱼池呢?

带着这样的问题，幼儿回家和爸爸妈妈一起展开了调查，并将他们想要搭建的“大鱼池”记录下来，和伙伴一起分享。

有的幼儿说要搭建一个又大又圆的鱼池，有的幼儿说可以搭建一个长方形的鱼池。程一说:“我们可以搭一条弯弯曲曲的，像小河一样的鱼池！我和爸爸就找到了这样的鱼池，我觉得非常好看！”

程一的想法，让幼儿都发出了赞叹声，觉得这样的鱼池很好。所以大家决定要在自然角搭建一个弯弯曲曲的鱼池。

小班自然角的鱼池

分享想要搭建的鱼池

鱼池的设计图

（二）准备搭建新鱼池的材料。

选定了要搭建的鱼池，但是要用什么材料来搭建呢？幼儿说：“可以用砖块，可以用石头，可以用水泥！”可是班级里并没有这些材料。

教师：“没有这些材料，我们该怎么办呢？”大家沉默不语，一时没有想到有什么更好的办法。

此时，教师拓展幼儿思路：“有没有什么其他的材料，我们平时很常见，又可以用来搭建的呢？”

幼儿想了想说：之前哥哥姐姐们用矿泉水瓶拼成了可以乘坐的小船，所以我们也可以用矿泉水瓶子试着搭出鱼池的周围，再在中间铺上和轮胎一样的塑料布，就能够搭成一座小鱼池了！

幼儿先是拿出了之前活动剩下的矿泉水瓶，在自然角中试着摆了起来。把瓶子全用完了，才摆出了一个小口。

昱宇：老师，我们需要很多很多的矿泉水瓶！

教师：这么多的矿泉水瓶，我们要怎么收集呢？

玄妙：我们先去其他班问问看有没有这样的瓶子吧！

说着幼儿自发地组成了一支收集矿泉水瓶子的小分队，前往各个班级收集矿泉水瓶子。幼儿将收集来的矿泉水瓶，撕去瓶子上的标签，进行分类整理，然后再将瓶子逐一摆到自然角中。可是从各班收集来的瓶子仍然不够，只够摆出他们设计的小鱼池一半。于是，幼儿决定自己回去收集，在家长的支持下，终于收集了足够多的矿泉水瓶。终于可以搭建鱼池了，幼儿兴奋不已……

寻找搭建鱼池的材料

尝试搭建鱼池

（三）动手搭建鱼池。

收集好矿泉水瓶后，幼儿开始进行鱼池造型的摆放。高低不同的瓶子会使小鱼池里的水流走，所以他们选择用一样高的矿泉水瓶来建鱼池，鱼池的造型终于摆好了。可是没过一会儿，一阵风吹来，矿泉水瓶东倒西歪，全部倒下了。幼儿摆放的速度赶不上瓶子倒下的速度。

章晏：这个瓶子怎么一直倒，都站不住！

之筱：矿泉水瓶太轻了，所以风轻轻一吹，它们就都倒下了。

教师：那怎么做可以让它变重呢？

季溢：我们把矿泉水瓶子装满水，这样瓶子就会变重了，就不容易被风吹跑了！

这真是个好主意！幼儿将瓶子装满水，再摆在草地上，这样一来风就不会把它们吹倒了。可是幼儿在走动的时候，还是会不小心碰倒这些瓶子，这可怎么办呢？

玄妙：我们可以用透明胶把这些瓶子全部粘在一起。

奕棠：双面胶也可以。

雅茜：不行，双面胶粘起来不够牢固。我们可以请老师帮我们用透明胶把它们都粘起来。

设计鱼池的形状

给鱼池铺上透明膜

在教师的帮助下，矿泉水瓶围成的鱼池造型终于固定好了。接着，师幼一起找来了一块透明塑料布，将它盖在围好的鱼池中，鱼池便初具雏形啦！

（四）装饰鱼池。

鱼池初步建成后，接着就是装饰鱼池啦。幼儿觉得透明塑料膜包裹的鱼池，矿泉水瓶全部都看见了，不太美观。于是幼儿便想着用麻布给它包裹装饰一下，这样别人就看不出小鱼池到底是用什么制作的了，到时候就可以让其他班级的幼儿猜猜看，这个鱼池到底是用什么材料搭建的。

教师：我们麻布是放在上面呢，还是垫在透明塑料布下面？

玄妙：垫在透明塑料布下面！

程一：放在上面的话，我们鱼池的水放下去就会把布都弄湿了！塑料布就不会啦！

于是按照幼儿的想法，师幼一起，用麻布将矿泉水瓶包裹起来，然后再盖上透明塑料布。

景煜看到原先堆放在一旁的小木桩，便将这些高高低低的小木桩拿了过来，摆在了鱼池前，将麻布、塑料布也挡得严严实实的。然后幼儿将自己收集来的石头、贝壳等放入小鱼池当中。程一还从家中带来了一只美人鱼玩具，将它放在了新建的小鱼池当中。

给鱼池放上小石头

教师反思：

认知心理学家皮亚杰曾说过：儿童的思维是在与环境的相互作用中发展起来的。一个有意思的自然角环境，能够吸引幼儿的目光，激发幼儿的探索欲望，促进与课程的共生共长。作为自然角的观察者，当幼儿在发现自然角中的鱼池存在的问题时，幼儿尝试以自身的角度进行新鱼池的创设。作为自然角活动的主体，幼儿的感官、想法才是自然角创设的重点。

故事二：怎么让鱼池变得更有意思？

（一）制造流水造景。

智楷在查找资料设计新鱼池的时候，发现了一个很有趣的鱼池装置——流水造景。这边小鱼池刚建造完，他就迫不及待地想要跟伙伴分享并共同制作一个流水装置，放在鱼池中。

在家长的帮助下，智楷制作了一份介绍流水造景的PPT，并到班级和伙伴们分享。

源成：我上次找资料的时候，也有看到这样的流水装置。我也很喜欢。

熠晨：我觉得这个流水装置好有趣呀！我们也一起做一个流水装置吧！

智楷分享的流水装置制作比较简单，只需要一个大的矿泉水瓶、小水泵、火山石、洗脸巾就可以完成流水装置的制作。

制作完成后，水泵通上电源，幼儿不禁发出了“哇”“哇”的惊叹声。小水泵将水从鱼池中抽到了矿泉水瓶中，然后又从矿泉水瓶流回鱼池里。

幼儿都说，这个小水流从矿泉水瓶上流下来，落在鱼池中，发出滴滴答答的声音，就好像一首歌一样，他们给这个小鱼池取名为音乐鱼池。

分享鱼池流水装置制作

音乐鱼池建好了

（二）用落叶帐篷装扮音乐鱼池。

怎么让音乐鱼池更美，让小鱼更喜欢在鱼池里生活呢？幼儿展开了讨论。正好前段时间，开展了落叶时装秀，幼儿都感受到了落叶的美丽。要是音乐鱼池也能用落叶装饰就好了，于是幼儿计划用落叶为音乐鱼池做好看的落叶帐篷。那么要做一个多大的落叶帐篷呢？

靖泓：我觉得可以做一个跟我们的身体一样高的帐篷。

程一：可以做一个跟我们自然角栏杆一样高的帐篷。

雅茜：可以做一个与我们身高一样高的三角形帐篷，就像一座小房子一样。

方亦：这样一来，小鱼就可以在小帐篷里面做游戏啦！

……

讨论完后，幼儿决定用和自己身高一样高的竹竿来做落叶帐篷的支架，然后在竹竿上缠绕上麻绳，再用小夹子将落叶夹到麻绳上，这样落叶帐篷就做好了。帐篷做好后，幼儿将它放在音乐鱼池的流水上，让小鱼可以在里面捉迷藏，音乐鱼池变得更美了。

讨论要做多高的落叶帐篷

寻找落叶帐篷放置点

制作落叶帐篷

教师反思：

鱼池建造好了，幼儿通过为鱼池创设流水，让鱼池鲜活了起来，为鱼池命名、搭建落叶帐篷等，赋予鱼池无限的浪漫与诗意。幼儿怀揣着对音乐鱼池的美好希望与憧憬，教师与其共同将美好愿景进行呈现，给小鱼一个真正温暖的家，让自然角成为属于幼儿的乐园。

故事三：糟了，音乐鱼池变绿了！

（一）音乐鱼池为什么会变绿？

国庆七天假期之后，幼儿回到幼儿园。奕棠到自然角观察小鱼，突然他大喊一声："老师你快来看呀，我们的音乐鱼池变绿啦！"听到这个消息后，班上的幼儿都到音乐鱼池查看，但是没人知道为什么音乐鱼池会变绿了。

洋锐：是不是叶子掉到了音乐鱼池，让鱼池变绿了？

旻宇：是音乐鱼池底下绿草地的颜色吧。

之筱：我觉得鱼池有点臭臭的，像臭水沟的味道。

汐汐：有点像青葡萄的颜色。

俊皓：是小鱼和小乌龟在鱼池里拉粑粑了吗？

……

除此之外，还有幼儿担心音乐鱼池变绿了，小鱼和小乌龟还能在鱼池里生活吗？为了更好地了解鱼池变绿的原因，教师引导幼儿回家与家长进行调查。通过调查，大家觉得最有可能的原因是音乐鱼池里长了很多的绿藻。音乐鱼池有太阳照射，有时幼儿喂了太多的鱼食，小鱼没吃完的鱼食堆积在了鱼池的底部，成了绿藻的养料，所以绿藻一下子就大量地繁殖，让音乐鱼池变绿了。但是如果绿藻长太多的话，就会消耗鱼儿的氧气，小鱼的生存空间就会越来越小。

鱼池变绿了

（二）拯救音乐鱼池行动

绿藻长得实在太多了，幼儿想要保护小鱼和小乌龟，那么怎样可以让绿藻减少，让音乐鱼池变干净起来呢？

熠晨：我和妈妈调查了，小精灵鱼可以吃掉我们鱼池里的绿藻。

智楷：我们把鱼池清理一下，让鱼池变干净。

靖泓：我们家里也有养鱼，爸爸说可以给鱼池安装一个净化器。

源成：我们也可以给音乐鱼池做一个净化器，这样鱼池就能变干净了。

教师：可以呀，但是要怎么做净化器呢？

经过一番讨论，师幼决定把音乐鱼池的流水装置改装成鱼池净化器，在净化器里还放置了一些火山石进行过滤。有的幼儿从家里带来了妈妈洗脸用的洗脸巾，将它放置在瓶口。教师将移动电源与抽水泵进行连接，把音乐鱼池里绿色的水通过 PVC 软管，抽取到矿泉水瓶中，用火山石进行初步过滤，再通过洗脸巾进行二次过滤后流回鱼池内。音乐鱼池的水渐渐地变得清澈起来，小鱼们继续在鱼池里快活地生活着，幼儿依旧每天精心照料着鱼儿们的生长，用相机为小鱼拍照，用笔描绘着鱼池里的精彩，诉说着鱼池里的故事。

我们的净化器

为小鱼、小乌龟拍照

描绘鱼池的故事

教师反思：

音乐鱼池变绿了，牵动着每个幼儿的心，特别是知道了鱼池里的绿藻过多，可能会伤害到小鱼，幼儿更是忧心忡忡。为了给小鱼和鱼池里的小动物打造一个良好的生存环境，教师鼓励幼儿通过家长资源、收集资料等途径调查如何让鱼池变干净，引导幼儿动手操作。而富有爱心的天使般的幼儿，更通过自己的奇思妙想为小鱼制作了净化器，帮助小鱼改善它们的生存环境。在改善音乐鱼池的过程中，幼儿也潜移默化地了解到了保护生态环境的重要性。

教师感悟：

幼儿园是幼儿的另一个家，如何让家变得更加温馨和有趣？幼儿有自己独特的想法。通过音乐鱼池的搭建，幼儿赋予了鱼池新的生命。搭建什么样的鱼池？需要什么材料？怎么让鱼池变得更美？如何改善小鱼的生活环境？每一个真问题的出现，幼儿都创造出无限可能。

活动中，教师鼓励幼儿将自己一个个充满童真童趣的想法，通过自己的动手操作变为现实。师幼共同创设音乐鱼池中，更体现了自然之美、合作之趣。音乐鱼池每一次环境的改善，不仅给小鱼创造了良好的生活环境，更承载着幼儿对鱼池里小动物们无限的关爱。

对于教师来说这更是一种温暖，一种感动，一种幸福。让我们用心倾听幼儿，用爱携手同行，与幼儿一起感受生活、热爱生活，给予充分的时间、空间与条件去支持幼儿打造属于他们自己的专属环境，和幼儿一起幸福地过日子！

（供稿人：陈婉欣　甘巧慧）